国防教育与学生军训文库 / 学术系列

陈 波 总主编

普通高等学校
军事教师科研与教学方法

杨 新◎著

时事出版社
北京

图书在版编目（CIP）数据

普通高等学校军事教师科研与教学方法/杨新著．
—北京：时事出版社，2018.12
ISBN 978-7-5195-0278-2

Ⅰ.①普… Ⅱ.①杨… Ⅲ.①军事理论—教学法—高等学校 Ⅳ.①E0-42

中国版本图书馆 CIP 数据核字（2018）第 276016 号

出 版 发 行：时事出版社
地　　　　址：北京市海淀区万寿寺甲 2 号
邮　　　　编：100081
发 行 热 线：（010）88547590　88547591
读者服务部：（010）88547595
传　　　　真：（010）88547592
电 子 邮 箱：shishichubanshe@sina.com
网　　　　址：www.shishishe.com
印　　　　刷：北京旺都印务有限公司

开本：787×1092　1/16　印张：12.25　字数：215 千字
2018 年 12 月第 1 版　2018 年 12 月第 1 次印刷
定价：88.00 元

（如有印装质量问题，请与本社发行部联系调换）

教育部哲学社会科学研究重大课题攻关项目

"新时期学校国防教育和学生军训工作体系建设研究"（14JZD052）资助

教育部2017年学生军训协同创新研究项目支持

教育部学生军事训练年度报告（2018）项目支持

《国防教育与学生军训文库》
编委会

陈　波（中央财经大学国防经济与管理研究院）
李先德（吉首大学国防教育研究院）
龚泗淇（合肥工业大学军事教研室）
王小敏（赣南医学院军事体育教学研究部）
庞　民（内蒙古师范大学军事教研部）
尹建平（中北大学学工部）
崔云峰（青海大学军事教研室）
杨　新（南京大学军事教研室）
谢素蓉（厦门大学军事教研室）
王欣涛（北京大学武装部）
郭子珂（国防大学专家督导组）
李延荃（国防大学政治学院）
房　兵（国防大学军事管理学院）
刘义昌（军事科学院）
侯　娜（中央财经大学国防经济与管理研究院）
白　丹（中央财经大学国防经济与管理研究院）
王沙骋（中央财经大学国防经济与管理研究院）
张海燕（中央财经大学国防经济与管理研究院）

总 序

兵者，国之大事，死生之地，存亡之道，不可不察也。

国防教育是关系国家生死存亡的社会工程，是建设和巩固国防的基础，是增强民族凝聚力、提高全民素质的重要途径。学校国防教育是全民国防教育的重要组成部分，是国家培养现代化人才的战略性举措。在学校尤其是普通高等学校设置军事课程，进行学生军事训练，是《中华人民共和国国防法》《中华人民共和国兵役法》《中华人民共和国国防教育法》等赋予普通高等学校的神圣职责，是适应国家高等教育发展和提升人才综合国防素养的需要，也是世界各国的通行做法。

天下虽安，忘战必危。尽管和平与发展仍是时代的主题，但全球性挑战日益增多，新的安全威胁因素不断出现，局部战争和武装冲突时有发生，天下仍不太平。作为世界上最大的发展中国家，中国仍面临多元复杂的安全威胁，生存安全与发展安全互为影响、传统安全与非传统安全威胁相互交织，维护国家统一、领土完整、发展利益的任务艰巨繁重，加强国防教育特别是学校国防教育和学生军训任重而道远……

为加强国防教育和学生军训教学、科研水平，中央财经大学国防经济与管理研究院军地国防教育与学生军训协同创新研究基地、全国国防教育与学生军训协同创新联盟等单位从即日起开启国内首部《国防教育与学生军训文库》的编写工作，文库含学术系列、教学系列等几个子系列，着力展示学校国防教育、学生军训和全民国防教育等领域优秀学人在本领域重大理论与现实问题研究方面的学术成果,亦包括支持高水平教学的教材、教辅参考书籍等,并建立开放型的运行机制,不断补充新的系列和新的选题。

文库出版受到教育部哲学社会科学重大课题攻关项目和教育部国防教育办公室、教育部全国军事教学指导委员会等有关部门、机构的支持和指导,在此一并表示最诚挚的谢意!

教育部全国普通高等学校军事教学指导委员会副主任委员 陈 波
教育部哲学社会科学重大课题攻关项目(国防教育)首席专家

2018 年 1 月·北京

自　序

　　笔者从军28年，在军队院校任教15年，从事高校国防教育20余年。2012年转业后，先后在东南大学和南京大学任专职军事教师。进入普通高校当专职军事教师后，笔者深切体会到，加强国防教育战线师资队伍建设迫在眉睫，也是自己义不容辞的责任，于是就产生了写本科研与教学方法方面的书的想法，既总结一下自己长期从事国防教育教学与科研方面的经验，也为同行们提供一些有益的借鉴。

　　写本书的初衷，是想从理论层面深入研究一下普通高校军事教师科研与教学方法，希望对同行从事国防教育研究和军事理论教学有所帮助。所以本书一开始的定位，是写一本比较有理论深度的专著。但深入学习和思考后笔者发现，目前虽然没有同类的书籍，但关于科研方法和教学方法的书籍实在太多了，而且许多方法都适用于普通高校军事理论教学和国防教育理论研究。如果自己再写一本谈这些方法的专著，似乎有些画蛇添足了，而且本人的理论功底也确实不够。

　　笔者深入研究了许多文献后有个体会，各种书籍中谈到的科研与教学方法，对于普通高校军事教师确实有借鉴价值，但如果真的要用之时，没有深厚的军事理论研究功底、没有长期的军事理论教学实践，这些方法对于各位同行来说，也是既不好用也用不好的。所以笔者长期纠结万分，写这本书，到底是以理论研究为主，还是以谈经验体会为主？因为一本书缺乏理论深度，既无助于同行，也没有太大的理论价值。而以经验体会为主来写这本书，自己的经验体会对于同行又会有多大的参考价值呢？加之教学工作繁忙，所以本书的框架多次修改，写作的初衷也时常变化。

　　那有没有普通高校军事教师拿来就能用、用了就能迅速提高教学水平的科研与教学方法呢？笔者认为是有的，那就是经验与理论的融合。最终，笔者选择了以写经验体会为主的写作思路，加上个人的独特思考，把自己20多年从事军事教育和军事理论研究，以及从事普通高校军事理论教学的经验与心得，奉献给同行，希望让大家看了这本书后，觉得笔者所谈的各种经验体会和建议，还确实是拿来就能用、用了就有提高的方法。虽然这些方法不是从理论角度来阐释的，但能让同行们少走些弯路，也就不违背写这本书的初衷了。

这个想法得到了全国国防教育与学生军训协同创新联盟秘书长陈波教授和吉首大学李先德教授的支持，得到了东南大学李有祥老师、河海大学王建中老师等许多同行的肯定。因此笔者下定决心，断断续续用了三年时间，写成了这本书，呈给各位同行批评指正。并希望以此达到抛砖引玉的目的，让更多同行深入思考普通高校军事教师科研与教学方法问题。

在本书写作过程中，2017年8月国办发〔2017〕76号文件（《国务院办公厅中央军委办公厅关于深化学生军事训练改革的意见》）出台，2018年4月教思政〔2018〕1号文件（《教育部关于加强大中小学国家安全教育的实施意见》）出台，这两个文件为新时代开创我国高校国防教育新局面提供了行动指南，为高校国防教育与国家安全教育融合发展提供了新机遇。

新时代面临新挑战，新挑战带来新机遇，新机遇需要新思维，新思维产生新变革。

我们一起撸起袖子加油干吧！幸福和成功都是奋斗出来的！

杨新

2018年8月1日于南京大学

目 录
CONTENTS

第一讲 辛勤耕耘为哪般？
　　——普通高等学校军事教师的科研使命 ………………… 001
　　一、自我修炼"内功" ……………………………………… 002
　　二、为实现"中国梦"贡献智慧 ………………………… 006
　　三、探索军事科学奥秘 …………………………………… 009
　　四、构建国防教育学学科理论体系 ……………………… 014

第二讲 如何快速步入学术研究的殿堂？
　　——普通高等学校军事教师科研的基本路径 …………… 023
　　一、多学习 ………………………………………………… 023
　　二、多思考 ………………………………………………… 035
　　三、多写作 ………………………………………………… 038

第三讲 如何抓准问题和研究？
　　——普通高等学校军事教师科研"三部曲" …………… 044
　　一、提出问题 ……………………………………………… 044
　　二、提出假设 ……………………………………………… 052
　　三、研究论证 ……………………………………………… 055

第四讲 有没有普适性的学术研究方法？
　　——普通高等学校军事教师常用学术研究方法 ………… 060

一、文献分析方法及应用 ………………………………………… 061
　　二、问卷调查与专家访谈方法及应用 …………………………… 066
　　三、抽象上升到具体方法及应用 ………………………………… 075

第五讲　如何写出高质量的学术文章？
　　——普通高等学校军事教师学术文章撰写方法 ………………… 080
　　一、学术文章的结构 ……………………………………………… 080
　　二、学术文章的品位 ……………………………………………… 087
　　三、学术文章的撰写 ……………………………………………… 091
　　四、学术文章的修改 ……………………………………………… 094
　　五、应克服的问题和达到的要求 ………………………………… 098

第六讲　如何上好军事理论课？
　　——普通高等学校军事教师教学方法思考 ……………………… 101
　　一、如何选择课程专题 …………………………………………… 102
　　二、如何设计教学内容 …………………………………………… 110
　　三、如何讲授好理论课 …………………………………………… 116
　　四、如何提高理论素养 …………………………………………… 119

第七讲　如何开设军事类通识课程？
　　——普通高等学校军事教师军事类通识课开设方法 …………… 126
　　一、军事类通识课程选题与申报 ………………………………… 126
　　二、军事类通识课程专题设计 …………………………………… 131
　　三、军事类通识课程相关建设 …………………………………… 137
　　四、运用各种教学手段提高教学质量 …………………………… 140

第八讲　如何促进高校国防教育与国家安全教育融合发展？
　　——关于普通高等学校国防教育与国家安全教育教学与学科建设
　　　思考 ……………………………………………………………… 143
　　一、高校国防教育与国家安全教育亟待解决的若干问题 ……… 144
　　二、高校如何解决国防教育与国家安全教育的紧迫问题 ……… 147
　　三、几点对策建议 ………………………………………………… 151

附录1 "军事谋略思维"通识课申报书 …………………………… 157

附录2 "《孙子兵法》导学"通识课教学大纲 ………………… 162

附录3 "胜解《孙子兵法》"通识课教学大纲 ………………… 166

附录4 "海洋安全与海洋安全战略"通识课申报书 …………… 172

参考文献 …………………………………………………………… 179

后　记 ……………………………………………………………… 182

第一讲　辛勤耕耘为哪般？
——普通高等学校军事教师的科研使命

[导　读] 科研与教学，是普通高校军事教师的双重职责。科研对于军事教师而言，不但是搞好军事理论教学的基础，更是教师自身专业化成长的基本途径。不仅如此，普通高校军事教师的科研，在一定意义上还关系到国家的安全和兴衰。因此，必须从战略高度来认识普通高校军事教师的科研使命问题。正确认识了自身肩负的科研使命，普通高校军事教师就有了从事科研的强劲动力和明确方向。

人们常用"三更灯火五更鸡"来形容莘莘学子求知的刻苦。其实，对于普通高校军事教师而言，又何尝不是如此呢？普通高校军事教师要搞好教学与科研，往往要比学生付出更多辛勤的劳动与汗水。尤其是军事教师不但担负着繁重的教学任务，还必须完成必要的科研任务，为了多出高质量的科研成果，多少人"为伊消得人憔悴"，却"衣带渐宽终不悔"。

那么，普通高校军事教师在科研领域里进行辛勤耕耘究竟是为了什么？

就笔者长期从事军队院校教学科研、普通高校大学生军事理论课教学、多所高校国防教育研究生教学与指导的体会而言，普通高校军事教师之所以有强烈的科研使命感，不但源于修炼自身"内功"的需求，更出于为实现"中国梦"贡献智慧、探索军事科学奥秘、构建国防教育学理论体系等方面强烈的使命意识。这些使命意识，不但是普通高校军事教师从事科研的强劲动力，也为军事教师的科研工作明确了努力的方向。

一、自我修炼"内功"

普通高校军事教师首要的科研使命,当然是自我修炼"内功"。为什么这样说呢?无非是两个方面的原因。

首先,科研是普通高校军事教师当一名合格的教师与好教师的重要支撑。

"教而不研则浅,研而不教则空。"教学与科研如同一枚硬币的两面,是不可分割的统一体。要成为一名好的大学军事教师,既要搞好教学,也要搞好科研,否则就不能在教与研一体两面的统一中成为一名合格的军事教师,更不能实现自己的人生价值。

已去世的中科院院士、原上海大学校长钱伟长先生,曾在20世纪80年代就高等学校教学与科研之间的关系谈到:"教学没有科研做底蕴,就是一种没有观点的教育,没有灵魂的教育","你不教课,就不是教师,你不搞科研,就不是好教师"。[①] 钱先生的话,深刻地指出了教学与科研二者同时并举、不可或缺、不可偏废的密切关系。

教学与科研对于普通高校军事教师来说,也尤如武术中的"套路"与"内功","套路"是展示给人看的技巧,"内功"修为才是底蕴。"套路"可以通过培训学习获得,"内功"则必须自我修炼才能积蓄。因此对于普通高校从事大学生国防教育的军事教师来说,提升自身的专业能力与素质,不能仅仅满足于经常参加各种培训,还要以勤奋修炼科研"内功"作为教学的重要支撑,若没有科研,教学就成了无源之水、无本之木。把自我修炼"内功"作为普通高校军事教师从事科研工作的首要使命,其中的道理是不用多言便可自明的。这也验证了上文钱先生的话。普通高校军事教师要想成为一名专业素质过硬的好军事教师,必须把科研作为提升自己专业素质的重要途径,以科研作为军事教学的重要支撑。

笔者曾经在军队院校从事了15年的中级干部培训班、军事学硕士与博士研究生、外国军事留学生的教学工作,深刻体会到通过科研刻苦修炼"内功"的重要性。为了搞好军事理论教学,笔者先后于20世纪90年代

---

① 刘尧:《作为学者的大学教师》,载《中国教育报》,2012年11月9日,第5版。

中期和 21 世纪初，攻读了军事思想学科硕士学位、军事战略学博士学位，并于 2006 年至 2008 年进入南京政治学院军队政治工作学博士后流动站做博士后研究。笔者在此过程中努力提升了自己的科研能力，因此在教学过程中基本上能够得心应手。

但是笔者也体会到，把在院校中跟导师和书本学到的知识、方法与技能应用于教学还远远不能满足教学需要，要当一名合格的军校教师，还必须在创新理论方面下工夫。因此在教学和工作之余，笔者结合自己在军事思想、军事战略等学科理论方面的专长，深入地研究了《孙子兵法》、军事思维学、军事战略思维、军事文化、战略文化、信息化战争理论、国防教育理论及国家安全理论等，发表了数十篇相关学术文章，出版了《军事战略思维研究》《信息化战争前沿理论问题研究》《孙子兵法战略思维》《孙子兵法战略文化研究》等多部著作，参编了十余部军事理论教材。由于有了大量科研成果的支撑，笔者不但为研究生开设了军事思想概论、战略学、信息化战争理论等专业课程，还首开了《孙子兵法》战略思维、战略文化与战略思维、军事名著导读等课程，受到研究生和中级干部培训班学员的广泛好评，并于 2009 年获得了中国人民解放军军队院校育才奖银奖。

笔者的基本体会是，通过科研刻苦修炼"内功"，不但是搞好教学的重要支撑，也是自己专业化成长的重要途径。对于普通高校军事教师而言，为了搞好军事课教学而勤奋科研，努力提升自身的"内功"修为，同样也是我们首要的科研使命。

其次，科研是普通高校军事教师专业化成长不可替代的基本途径。

广泛深入地开展普通高校国防教育需要一支专业化的军事教师队伍。加强普通高校军事教师队伍专业化建设的途径，总体上有两条：一是搞好军事教师专业培训，二是军事教师自身修炼"内功"。

中华民族从古至今都是特别重视国防教育的民族。学校国防教育的历史，可以追溯到中国古代的奴隶社会、封建社会。近代尤其是中华人民共和国建立以来，党和政府尤其重视普通高校国防教育。在 1985 年，国家六部委联合发文，对全国 100 多所普通高校进行学生军训工作试点。在世纪之交，《中华人民共和国国防法》《中华人民共和国兵役法》《中华人民共和国国防教育法》等法律相继出台，明确提出必须加强学校尤其是普通高校国防教育工作。2001 年，教育部、总参谋部、总政治部联合在天津召开了"全国学生军训工作会议",总结了全国学生军训工作试点16年来的经验,将普通高校国防教育工作推向了一个新的发展阶段。2007年,教育部、总参谋部、总政治部联合制定并下发了《普通高等学校军事课教学大纲》,成为普通高等学校组织实施军事课程教学的基本依据。2017年8月,国务院办公厅和中央军委办公厅下发了《国务院办公厅中央军委办公厅关于深化学生军事训练改革的意见》(国办发〔2017〕76号),将更有力地推动我国新时代高校国防教育蓬勃发展,并使普通高校军事教师队伍建设逐步走上专业化发展道路。

普通高校广泛开展学生军训和军事理论教学以来,军事教师队伍专业化建设的措施主要包括以下几点:

一是拓宽军事教师队伍来源。一方面,普通高校长期实施学生军训工作和开展军事课程教学,逐步培养了一批专职军事教师队伍;另一方面,许多高校不断拓宽高校军事教师队伍来源,如引进具有硕士和博士学位的研究生担任专职军事教师、引进军队转业干部尤其是军校转业的专业技术干部担任专职军事教师、校内外聘用兼职军事教师等,初步形成一定数量的比较稳定的专职和兼职相结合的普通高校军事教师队伍。

二是培养国防教育研究方向的硕士研究生。2003年,教育部颁发了《关于做好普通高等学校公共体育、公共艺术、国防教育教师在职攻读硕士学位工作的函》(教体艺司函〔2003〕29号文件),选定武汉大学、西安交通大学、厦门大学、武汉理工大学、中南大学、东南大学等六所普通高校,在高等教育学学科招收国防教育方向的在职硕士研究生,培养了一批素质较高的普通高校专职军事教师。国防教育方向在职研究生培养计划结束后,上述部分高校已经转入了全日制国防教育硕士研究生培养阶段,将进一步为普通高校培养大批专业水平较高的军事教师。国办发〔2017〕76号文件明确提出:"根据与学生军事教育有关的博士、硕士学科点或专业方向建设情况,对有关主管部门和直属高校研究生招生计划予以支持,切实提高军事教师学历水平。"这一要求,将进一步拓宽普通高校军事教师的专业化成长路径。

三是加强在职普通高校军事教师培训。教育部和解放军原总参谋部在全国范围内,已经举办了若干期全国普通高校军事课教师、骨干教师、青年教师及军事教研室主任培训班,各省也已经举办了多期普通高校军事教师培训班。国防大学、空军指挥学院、陆军指挥学院等军队院校,近年来也为普通高校分管国防教育的校领导、普通高校军事教师、军队派遣军官举办了若干期培训班,极大提高了高校军事教师及派遣军官的专业素质。

四是建立派遣军官制度。《中国人民解放军军官服役条例》规定了派遣军官制度,各省军区机关成立了学生军训办公室(现改为由省军区战备建设局负责),负责选拔和培训派遣军官,使大批派遣军官不但成为了普通高校学生军训的骨干力量,而且充实了普通高校军事教师队伍,为普通高校军事教师队伍专业化建设做出了应有的贡献。

五是举办普通高校国防教育学术研讨会。为了增强高校军事教师科研意识和提高科研能力,教育部和各省(自治区、直辖市)教育厅已经组织了多届全国性及各省(自治区、直辖市)的普通高校国防教育学术研讨会,出版了多部相关论文集,有力推动了普通高校军事教师的国防教育学术研究。解放军原总参谋部和全军学生军训办公室也举办了多届派遣军官军事理论教学及国防教育学术研讨会、军地交流研讨会,促进了派遣军官学术研究,提高了整体教学水平。2017 年 7 月,上百所高校的百余名军事教师和国防教育工作者齐聚中央财经大学,共同成立了全国国防教育与学生军训协同创新联盟,该联盟迄今已经召开了两届国防教育学年会,对普通高校军事教师教学与科研能力的提升起到了非常有益的推动作用。

上述主要措施,基本上形成了普通高校军事教师专业化建设机制,建立了相对稳定和比较成熟的培训模式,对我国普通高校军事教师专业化建设做出了重大贡献。但这一机制与模式也存在难以克服的问题,即能够在一定程度上解决普通高校军事教师的教学技能问题,但无法解决军事教师的科研能力和专业素质的提升等问题。形象地说,如同武术教练只能教会徒弟武术套路和练功方法,但没有办法让徒弟增强"内功"。提升"内功",只能靠徒弟自己长期勤奋修炼。

普通高校军事教师在课堂上亮相的技巧与基础知识等技能,固然能够通过各种培训迅速解决,但其"内功"即专业能力和素质,则不可能通过几次培训就得到解决。专业培训只能让教师获得走上讲台的应急"招式",而难以帮助教师练就深厚的"内功"。"内功"的积累,只能靠教师自身长期勤奋地修炼。这个修炼,就是围绕军事课教学和国防教育理论创新而长期进行的科研。因此,普通高校军事教师首要的科研使命,必然是通过科研来自我修炼"内功",即打牢自身专业化成长的坚实理论基础,不断提高从事国防教育工作的专业能力和素质。

从上述两个方面来看,普通高校军事教师的科研使命,因修炼"内功"而充满动力,因修炼"内功"而脚踏实地,因修炼"内功"而能够担负起自身的责任。

二、为实现"中国梦"贡献智慧

普通高校军事教师首要的科研使命是修炼"内功",其他使命又是什么呢?

笔者认为,普通高校军事教师的科研使命是多元化的,除了为教学和自身专业化成长而修炼"内功"之外,还包括为实现"中国梦"贡献智慧、探索军事科学奥秘、构建国防教育学学科理论体系等。为实现"中国梦"贡献智慧,应当是普通高校军事教师各项科研使命的灵魂。

首先,为实现"中国梦"贡献智慧这一科研使命,决定了普通高校军事教师的科研目的。

国之大计,教育为本。教育大计,教师为本。而教师大计,则应以科研为本。因为高校是知识与科学技术的创新之源,大学与教师的责任,不仅在于教书育人,更在于科学研究。对于普通高校军事教师而言,不但要传授国防知识与军事技能,更要创新国防知识和军事理论。因此,科研也是普通高校军事教师之本。

普通高校军事教师以科研为本,那军事教师的科研之本又是什么呢?是科研方法、科研目的,还是思维能力或其他因素?

以笔者长期从事军事学术研究和国防教育教理论研究的经验来看,上述方面都非常重要,但科研目的更具有根本性,科研目的应当是普通高校军事教师的科研之本。因为科研目的不但决定了我们对科研方法的掌握和运用水平,还决定了我们对高校国防教育所持有的态度,决定了我们科研的方向和学术研究的境界,决定了我们普通高校军事教师的情怀、胸襟、责任与担当。

普通高校军事教师应当确立怎样的科研目的呢?恐怕不少人的回答是"评职称""解决个人生存与发展问题"。这或许过于功利,但事实也的确如此。然而这仅仅是普通高校军事教师科研目的的一个方面。这也犹如硬币有不可分割的两面一样，普通高校军事教师的科研目的也有不可分割的两面，一面是教师个人的"生存与发展"梦想，一面是中国国防强大之梦。这两个梦是一体两面，密不可分的。如果我们仅仅注重自己的个人梦想而从事科研，我们的科研目的就没有融入"中国梦"的理想，这样的科研目的只能让我们成为与"木匠""铁匠"等同的"文字匠"。而当我们把自己的科研目的定位于探索国防教育的规律、寻找国防强大的宏观方略时，我们的个人梦想与"中国梦"就高度一致起来了。有了这样的科研目的的牵引，我们的个人梦就不再是一盘散沙，它必将由涓涓细流汇聚成"中国梦"的洪流，支撑和托举起中华民族辉煌灿烂的"中国梦"。

正如习近平总书记指出的："中国梦是民族的梦，也是每个中国人的梦。"我们普通高校军事教师的科研梦，既是个人梦，也是民族的梦、国家的梦。自古以来，中华民族的观念就是家国一体，个人梦与民族梦，两梦相连，个人梦是小梦，国家梦是大梦。"中国梦"中蕴含了我们每个人的梦，让我们的个人梦有了理想和依托，不仅让我们能够实现个人梦，更让我们的民族和国家更有体面和尊严。

"中国梦"是"强国梦"、是"发展梦"、是"和平梦"、是"振兴梦"……但首先是"强国梦"。国防强大，国家强盛，是"中国梦"的基础，对于我们普通高校军事教师而言，我们的"中国梦"首先就是"强国梦"。

回顾历史我们不难发现，"强国梦"与我们个人的命运及国家和民族的命运是何等的休戚相关。"民无兵不安，国无防不立。"古今中外，还没有哪个国家能够做到弃国防而自存和自强。历史的教训一再告诫人们："落后就要挨打！""国防不强大也要挨打！"今天，中国无疑已经强大起来了，帝国主义列强欺侮中国的时代，也已经一去不复返了，这与我们拥有强大的人民军队和强大的国防密不可分。但历史也一再告诉我们："生于忧患，死于安康"。当中华民族饱受列强侵略时，多少仁人志士为中国的生存与强大而高呼"天下兴亡，匹夫有责""舍生取义""我死国生"……今天，在祖国强大与民族振兴之际，列强遏制中国崛起、列弱觊觎我国海疆权益，普通高校军事教师更应当继承先辈的遗志，思考强国的责任与担当，"我思国强"，"实干兴邦"。

因此，普通高校军事教师的科研目的，决不能仅仅把科研目的定位于自身的发展需要上，而应确立以"强国梦"为核心的科研意识，把为实现"中国梦"贡献智慧作为自己的责任与担当，要把自己的科研梦汇入"中国梦"的历史洪流，让我们的智慧托举起中华民族的"强国梦"和"强军梦"。

其次，为实现"中国梦"贡献智慧这一科研使命，影响了"中国梦"的命运。

2012年11月29日，习近平总书记在参观"复兴之路"展览时，第一次提出了"中国梦"的概念，他指出："实现中华民族伟大复兴，就是中华民族近代以来最伟大的梦想。"2013年3月17日，第十二届全国人民代表大会第一次会议在北京人民大会堂举行闭幕会，国家主席习近平发表重要讲话，九次提及"中国梦"，系统地阐述了"中国梦"。他用了"三个必须"来指明实现"中国梦"的路径：实现"中国梦"必须走中国道路；实现"中国梦"必须弘扬中国精神；实现"中国梦"必须凝聚中国力量。

"中国梦"深刻道出了中国近代以来历史发展的主题主线，深情描绘了近代以来中华民族生生不息、不断求索、不懈奋斗的历史。"中国梦"已经成为以习近平总书记为核心的新一届中央领导集体对中华民族美好愿景的形象描绘，实现"中国梦"已经成为其对肩负的责任和使命的宣誓，体现了充满人情味和浪漫色彩的政治智慧。

哪个民族的梦能够延续数千年？

哪个国家的梦能够让十几亿人共同拥有？

这就是"中国梦"！千百年来中华民族共同拥有，千百年来中华民族为之共同奋斗！

在实现"中国梦"的奋斗历史中，中华民族一代又一代子孙，付出了不懈的努力，贡献了自己的智慧。是我们民族的智慧，托举起了"中国梦"。

"中国梦"也是我们普通高校军事教师的梦，落实到科研行动中，就是要用我们的智慧去支撑和托举起"强国梦"与"强军梦"。学术报国从来都不是一句空话，普通高校军事教师的科研目的，要与"中国梦"相一致，要以"强国梦"为核心。为实现"中国梦"贡献智慧，不但决定了普通高校军事教师科研的宗旨、目标与方向，也影响了"中国梦"实现的路径、效率与质量。

为实现"中国梦"贡献智慧，更影响了"中国梦"的成败。青年兴则国家兴，青年强则国家强。青年是祖国昌盛和国防强大的希望，是"中国梦"能否实现的关键力量。而青年站在教师的肩上，要从教师的头脑中汲取智慧和力量。教师智则青年智，教师强则青年强。教育尤其是国防教育，是培养青年国防意识和增强国防能力的根本大计，是巩固国防的基础性环节。作为普通高校军事教师，我们支撑着国家的希望，托举着青年的梦想，更应当思考在实现"中国梦"的伟大历史征程中，让我们的责任与担当，汇聚成"中国梦"的坚强柱石，让我们的情怀、胸襟与智慧，为青年们实现"中国梦"插上理想的翅膀。

因此，普通高校军事教师的科研使命，因为实现"中国梦"贡献智慧而赋予了理想，因为实现"中国梦"贡献了自己的智慧而提升了价值，因为实现"中国梦"贡献了自己的智慧而履行了我们的责任与担当。

三、探索军事科学奥秘

为实现"中国梦"贡献智慧是普通高校军事教师科研的根本目的，它也不是一句空话，需要我们在这一使命意识下，把探索军事科学奥秘、构建国防教育学学科理论体系作为自身科研活动的具体使命，在这些研究领域中有所作为。而努力探索和揭示军事科学的奥秘，则是普通高校军事教师科研的重要使命，需要我们在军事科学领域中做艰苦的探索。确立这一使命，主要有以下三个方面的原因。

首先，普通高校军事教师研究军事理论是大有作为的。

有的普通高校军事教师认为，研究军事理论是军人和军队学者的事，我们只需要学习军事理论并将其应用于高校军事课教学就可以了。实际上并非如此。军事理论研究并非军人的专利，地方学者和普通高校军事教师是可以且应该在军事理论研究中有所作为的。

从中国古代军事理论发展的历史来看，言兵不只是兵家。例如道家鼻祖老子，其著作《道德经》被认为是中国古代哲学的代表性著作。胡适指出："老子是中国哲学的鼻祖，是中国哲学史上第一位真正的哲学家。"这位哲学家的辩证法思想，为中国古代兵学理论奠定了重要的哲学基础，著名的《孙子兵法》中提出的数十对矛盾范畴，都有老子哲学思想的影子。老子的哲学，也为毛泽东军事思想提供了哲学基础。毛泽东对老子《道德经》一书最看重的便是其朴素辩证法思想,即有关对立统一和矛盾转化的论述。老子第一次提出了"有无""难易""长短""高下""音声""前后""美丑""损益""刚柔""强弱""祸福""荣辱""智愚""巧拙""大小""多少""生死""胜败""攻守""进退""静躁""重轻"等一系列对立统一的概念,认为一切事物都是一分为二和对立统一的。毛泽东军事哲学思想的建立,就辩证地吸收了老子的哲学思想。毛泽东的《中国革命战争的战略问题》,在总结土地革命战争的经验教训时强调指出:要改变敌我强弱力量的对比,使之发生于我有利的变化,要实行必要的战略退却,暂时放弃一些土地和城池。接着,毛泽东引用了《道德经》中关于"将欲取之,必先与之"的智慧来加以说明。他说:"关于丧失土地的问题,常有这样的情形,就是只有丧失才能不丧失,这是'将欲取之,必先与之'的原则。如果我们丧失的是土地,而取得的是战胜敌人,加恢复土地,再加扩大土地,这是赚钱生意。"而据1974年出版的马叙伦《老子校诂》记载:毛泽东甚至说过:"老子这部书乃是唯心主义的,但包含丰富的辩证法思想。它对春秋战国时期社会大变革的一些现象,特别是战争的规律做了概括和总结,所以它也是一部兵书。"

春秋战国时期的法家、墨家、杂家等家,也有不少言兵的专论,为中国古代军事思想的发展做出了重要贡献。中国古代著名的政治家管仲、诸葛亮、王安石、张居正等,在军事改革和军事理论方面也有重要建树。南宋著名的文人辛弃疾著有《美芹十论》(又名《御戎十论》),是非常有名的军事论著。南宋著名文学家陈亮,也是著名的军事家,提出了深刻的战争观。中国古代还有许多文人,不但是军事理论家,还是军事技术专家。可以说,在整个中国古代,文人言兵是非常普遍的现象。而当今中国许多地方学者,也在传统兵学、军事文化理论和战略研究方面,为中国军事科学的繁荣做出了自己独特的贡献。

笔者最为推崇的研究军事理论的非军人学者,是已故台湾著名战略学者钮先钟先生。钮先钟教授(1913.7—2004.2),是南京金陵大学理学士,曾任台湾《新生报》总编辑,"国防计划局"编译室主任,军事译粹社发行人,台湾淡江大学欧洲研究所教授、国际事务与战略研究所荣誉教授,台湾三军大学荣誉讲授教授。钮教授是著名的西方战略研究学者,80岁以前翻译的西方战略史高达3000万字,翻译作品近90部,包括《第二次世界大战战史》《西洋世界军事史》《战争艺术》《战争论精华》《战略论》

《战争指导》《战争绪论》等。其一生对中西方战略的研究，令人敬佩。在80岁后，钮先生还积极从事战略思想写作，先后出版了《中国战略思想史》《西洋战略思想史》《孙子三论：从古兵法到新战略》《战略研究入门》等十余部著作。钮先钟教授是台湾与大陆，乃至西方都非常推崇的著名战略研究学者，大陆学界对他评价很高，誉之为"蒋百里后第一人"。钮先钟教授一生致力于战略研究，不但为我们树立了战略研究的丰碑，也为我们树立了学习的榜样。吾辈致力于探索军事科学奥秘，向这位智者学习，也是可以大有作为的。

西方古代及近代著名的军事理论家，也不乏文人学者。如军事历史学家修昔底德、色诺芬，虽然有军旅生涯，但却是著名的历史学家。马克思是职业政治家、哲学家、经济学家，恩格斯仅于1841年9月至1842年10月在柏林炮兵部队短暂服兵役。但这两位伟人却创立了无产阶级军事理论，成为无产阶级军事学说的奠基者。20世纪美国著名的核战略理论家基辛格是政治家、外交家、国际问题专家；伯纳德·布罗迪虽然曾在美国海军预备队服役两年，但职业是美国的大学教授，一直从事教学与科研工作。这两人提出的核战略理论，不但影响了20世纪的世界战略格局，至今仍然具有广泛的影响。

我们不难得出一个结论，军事科学研究不仅仅是军人的事业和责任，也是地方学者和普通高校军事教师的重要科研使命。在军事科学研究领域，普通高校军事教师也是可以大有作为的。作为普通高校军事教师，我们不仅要给大学生教授军事技能，更要为大学生传授军事理论，尤其重要的是要把探索军事科学奥秘的创新精神与研究方法传授给大学生。而授人以"鱼"还要授人以"渔"的前提，则是我们普通高校军事教师必须努力探索军事科学的奥秘。只有把研究军事科学理论作为自己责无旁贷的科研使命，我们的学术研究才能够为中国特色军事科学理论的发展创新贡献应有的力量。

其次，普通高校军事教师研究军事理论是搞好军事课教学的前提。

当今的军事科学，已经发展为由众多的学科组成的知识体系，军事理论创新，是各学科涉及的理论问题的系统性创新。截至本书完成之前，我军军事学知识门类、学科与知识体系的调整发展情况大致如下：

20世纪60年代，叶剑英元帅提出军事科学"大体可分为：军事思想、军事学术、军事技术"这三个方面。这种三分法体系持续了20多年，直到 80 年代后期，军事理论界认为三分法中军事学术的内涵过于宽泛，不能适应形势的发展，因此提出了"五分法""七分法"和"多分法"。20 世纪 80 年代，《中国大百科全书》军事卷第一版设置了 25 个分支。20 世纪 90 年代，《中国军事百科全书》第一版设置了 7 个知识门类 57 个学科单元。21 世纪初，提出了 14 个一级学科 74 个二级学科的军事科学体系构成与分类。21 世纪初，《中国军事百科全书》第二版编纂体系设置了 15 个知识门类 100 个学科单元。2004 年下发的《军事学学科专业目录修订草案（一）》，设了 8 个一级学科（军事思想及军事历史、战略学、作战学、军事信息学、军队建设学、军队政治工作学、军事后勤学、军事装备学）共 26 个二级学科。《军事学学科专业目录修订草案（二）》，设了 9 个一级学科（军事思想及军事历史、战略学、战役学、战术学、军事信息学、军队建设学、军队政治工作学、军事后勤学、军事装备学）共 28 个二级学科。2010 年 9 月 6 日，根据国务院学位委员会和教育部统一部署，国务院学位委员会军事学学科评议组召开会议，就军事学学科目录建设发展及修订情况进行专题研讨。相关报道说，当时的军事学学科目录是 1997 年国务院学位委员会颁布的，共设 8 个一级学科 19 个二级学科。这说明 2004 年的军事学学科目录调整并没有正式颁布执行，但军队院校实际的教学与招生工作中是在用的。2011 年中国教育部公布了新版《学位授予和人才培养学科目录》，本目录分为 13 个学科门类和 110 个一级学科，第 11 个学科门类就是军事学，包含了 10 个军事学一级学科：军事思想及军事历史、战略学、战役学、战术学、军队指挥学、军制学、军队政治工作学、军事后勤学、军事装备学、军事训练学。近几年中，虽然军事学学科略有调整，但 2018 年硕士研究生招生专业信息查询系统中所列军事学学科依然是这 10 个一级学科。

通过简要了解我军军事学知识门类和学科发展的简要情况，我们不难发现，我军军事科学体系是一个由众多学科构成的庞大理论体系，这一体系的知识，是普通高校军事课的理论基础。普通高校军事教师要搞好军事课教学，必须比较系统地掌握这个庞大的知识体系。而要掌握这个庞大的知识体系，仅靠到军队院校学习和参加短期教学培训，是根本无法办到的。解决问题的唯一办法，只能是普通高校军事教师自己加强学习和研究，活到老、学到老、研究到老。

2007 年版《普通高等学校军事课教学大纲》规定的军事课教学内容有五章："中国国防""军事思想""国际战略环境""军事高技术""信息化

战争"。规定的军事训练内容主要包括：共同条令教育与训练、轻武器射击、战术、军事地形学常识、综合训练。可以说上述军事课教学与军事训练内容，几乎涉及军事学门类中的大多数学科。普通高校军事教师要组织好大学生军事训练和搞好军事课教学，必须对大纲中涉及的理论和知识有比较深入的把握，否则就难以胜任军事课教学与军事训练活动。这种深入把握，不但要"知其然"，更要"知其所以然"，而离开科研，不探索军事科学奥妙，既不能"知其然"，更不能"知其所以然"。作为普通高校军事教师，既不"知其然"，也不"知其所以然"，又如何能够搞好军事理论教学和军事训练呢？

再次，普通高校军事教师研究军事理论是适应军事理论日新月异发展形势的必然选择。

当今无论是科学技术还是各种理论与知识的创新与更新，其最显著的特点都可以用"爆炸"二字来形容。"爆炸"，形象地概括了各种技术、理论、知识的更新速度。就军事科学而言，其发展与更新的速度也是"爆炸"式的。美军从20世纪90年代至今，每打一场局部战争，就更换一种理论，甚至军事技术与武器装备每一次取得突破性进展，也都必然提出全新的与之相适应的军事理论。更有甚者，美国与俄罗斯等军事强国还提出了未来30年甚至50年的军事理论构想。我军的军事理论发展，一方面，要紧跟世界军事形势与军事理论的创新发展，另一方面，也要根据国情、军情的变化和未来战争及维护国家安全的需要，重构和完善中国特色的军事科学理论体系。因此，我军军事理论的创新与发展，也可谓日新月异。要适应世界军事理论和中国特色军事理论日新月异的发展趋势，普通高校军事教师唯一的选择，就是学习、学习、再学习，研究、研究、再研究。

综合上述三个方面，也许各位军事教师会说："我没有机会上军校系统学习。即使上军校系统学习了，也没有办法全面深入地掌握军事科学理论呀！""军事理论体系如此庞大，变化那么快，要深入系统地学习和研究，这哪里做得到啊？"……

笔者认为，之所以大家会有这样的想法和认识，不但是一个信心的问题，也是一个责任感和使命感的问题，更是一个方法的问题。解决这些问题，或许毛泽东在战争年代对我军指挥员的教导可以帮助我们。毛泽东说："读书是学习，使用也是学习，而且是更重要的学习。从战争学习战争——这是我们的主要方法。没有进学校机会的人，仍然可以学习战争，就是从战争中学习。革命战争是民众的事，常常不是先学好了再干，而是干起来再学习，干就是学习。从'老百姓'到军人之间有一个距离，但不是万里长城，而是可以迅速地消灭的，干革命，干战争，就是消灭这个距离的方法。说学习和使用不容易，是说学得彻底，用得纯熟不容易。说老百姓很快可以变成军人，是说此门并不难入。把二者总合起来，用得着中国一句老话：'世上无难事，只怕有心人。'入门既不难，深造也是办得到的，只要有心，只要善于学习罢了。"①

毛泽东的教导，对于我们普通高校军事教师而言，至少有这样一些启示：

一是多数老师并不非常熟悉军事科学理论，必须在教学实践中边学习、边教学、边研究；

二是从军事科学研究的外行到内行，也像战争年代学习战争一样，并没有不可逾越的鸿沟，只要肯学习和研究，有探索军事科学奥秘的强烈愿望和责任心，再加上正确的学习方法和科研方法，入门并不难，深造也是办得到的；

三是把探索军事科学奥秘作为自己的重要科研使命，我们高校军事教师在军事科学研究领域是可以大有作为的；

四是要有恒心，不能畏难，要知难而上；

五是既要学习军事科学理论，也要研究军事科学理论，要学得彻底，用得纯熟。

按照毛泽东的教导去做，不但可以让战争年代我军指挥员成为了战争中的行家里手，也会使我们普通高校军事教师成为军事科学理论研究的专家。

简而言之，普通高校军事教师的科研使命，因有了探索军事科学奥秘而融入世界军事变革的大潮；因有了探索军事科学奥秘而紧贴国防建设和军事斗争的实际；因有了探索军事科学奥秘而能够与时俱进。

四、构建国防教育学学科理论体系

探索军事科学奥秘是普通高校军事教师的重要科研使命，说到底，是

---

① 毛泽东：《毛泽东选集（第1卷）》，人民出版社，1991年版，第181页。

因为普通高校的国防教育，主要是大学生军事训练和军事课教学，其性质、内容与目的，都与"军事"密不可分。探索军事科学奥秘，是搞好教学与相关科研的重要前提。但军事训练与军事课教学，本质上又都是国防教育而非其他形式的教育，所以，普通高校国防教育，有自身的特点与规律，必须探索这方面的特点与规律，并建立国防教育学学科理论体系，才能更好地指导普通高校国防教育。因此，构建国防教育学学科理论体系，是普通高校军事教师又一重要的科研使命。探索军事科学奥秘，一定意义上讲也是为这一科研使命服务的。

有必要建立国防教育学这一学科吗？国防教育学有其理论体系吗？科学认识这两个问题，是认清普通高校军事教师建立国防教育学学科理论体系科研使命的前提。

建立国防教育学学科，是有其意义、紧迫性和条件的。

中华人民共和国国防教育开展60余年来，取得了巨大成就。但是国防教育学学科建设至今未解决，已经成为制约新世纪新阶段国防教育的瓶颈因素，必须加快国防教育学学科建立与建设。其意义主要体现在以下几方面：

其一，国防教育学学科是国家开展国防教育的一面旗帜。旗帜就是方向，旗帜就是力量源泉。有了国防教育学学科，在国家法律和政策规范下，国防教育理论研究就有了主阵地、国防教育工作者就有了奋斗的方向、国防教育队伍建设就有了学科支撑和旗帜引领。

其二，国防教育学学科是探索和研究国防教育活动特点、规律的学科。如同军事学各学科研究战争和军事活动的特点、规律一样，国防教育活动也需要专门的学科甚至是需要建立国防教育学学科门类来研究。没有学科支撑，就不能从总体上揭示国防教育活动的特点规律，不能全面地、科学地指导国防教育活动的开展。没有建立国防教育学学科，是制约我国国防教育深入开展的瓶颈，是影响全民国防素质的重要因素。

其三，国防教育学学科理论是国防教育实践的理论指南。国防教育实践不但需要以国家国防法规、国防教育法规、国家兵役法规为依据，还需要有科学的理论指导和方法论支撑。国防教育学学科理论正是国防教育实践的理论指南，系统地解决国防教育实践的理论和方法论问题。

其四，国防教育学学科建设是培养和锻炼国防教育队伍的依托。教育领域的教育队伍建设，必须有学科支撑才能凝聚力量，必须有学科这一理论阵地才能吸引教师队伍加强相关理论研究。与各门自然科学和社会科学一样，国防教育队伍尤其是普通高校军事教师队伍的建设，国防教育工作者素质的提高，也都必须有国防教育学学科支撑。没有学科，就没有高素质的国防教育队伍。

其五，国防教育学学科是培养国家国防教育人才队伍和提高全民国防素质的必然选择。只有走专业化国防教育人才培养道路，才能培养出一大批高素质的、专业化的国家国防教育人才队伍。专业化培养离不开国防教育学学科支撑。另外，全民国防素质的提高，也离不开国防教育学学科支撑。如同让公民坚定不移地坚持马列主义、毛泽东思想和中国特色社会主义理论离不开马克思主义理论学科一样，提高全民国防素质，让全体公民爱祖国、强国防、服务与建设国防，同样也离不开国防教育学学科的科学理论。国防教育不但事关公民意识形态，更关乎公民整体国防素质与国防行为能力，所以国防教育学学科应当具有与马克思主义理论学科等学科一样的学科地位，应当把国防教育学学科建设摆到国家发展和国家安全的战略高度来认识和筹划，加快建设进程。

建立国防教育学学科的紧迫性也是显而易见的，大致有以下几方面的紧迫性和现实需求：

其一，未来国防建设和国防斗争对全民国防素质的新需求。我国未来国防建设和国防斗争，不但需要高素质的国防专门人才，也需要全体公民具有较高的整体国防素质。适应这种需求，必须建立国防教育学学科，以系统的国防教育学学科理论做支撑，才能从整体上提高公民的国防素质，满足未来国防建设和国防斗争对全民国防素质的需求。

其二，培养国防教育人才队伍的需求。国家国防教育的深入开展，需要一支专业化的高素质国防教育人才队伍。这个队伍的建设，固然离不开其他学科的支撑，但更离不开国防教育学学科支撑。尤其是国防教育研究生培养是解决高校国防教育师资队伍问题和社会国防教育师资队伍的重要途径，更离不开国防教育学学科的支撑。目前依托高等教育学和军事学培养国防教育人才队伍已经远远不能满足需要。

其三，加强国防教育科学理论研究对学科的需求。国防教育科学理论研究，虽然军事学、教育学等学科理论也有涉及，但都不能系统深入地解决国防教育理论问题。国防教育科学理论研究，必须有专门的国防教育学学科。只有建立了国防教育学学科，才能以学科为支撑，进一步推动国防教育科学理论研究。

其四,解决高校国防教育运行模式的需求。目前我国普通高校虽然广泛开展了军事课教学和大学生军事技能训练,并取得了可喜的成绩。但是各高校国防教育运行模式却并不统一,已经成为制约普通高校国防教育开展和教师队伍成长的重要制约因素。建立国防教育学学科,有助于解决普通高校国防教育的运行模式问题。

其五,解决国防教育教师队伍归属和职称评定的现实需求。目前我国普通高校已经建立了一支军事教师队伍,但这支队伍的学科归属并不统一,尤其是职称评定系列不统一。有的从思政系列评职称,有的从体育系列评职称,有的从马克思主义理论学科评职称,甚至少数人职称评定是军事学系列等等。由于没有国防教育学学科,导致的普通高校军事教师学科归属混乱、职称评定受限制等问题,也只有通过建立国防教育学学科才能从根本上得到解决。

建立国防教育学学科不但有其重要意义和紧迫性,其实也已经具备了一定的条件。

一个新的学科建立至少要满足以下基本条件:一是学科基础理论支撑。国防教育学以教育学和军事学学科理论为支撑,具有双重学科属性。二是学科独特的研究对象和领域。国防教育学的研究对象是国防教育活动及其特点规律,这是别的学科不能代替的。三是较独立的研究方法。国防教育学可以广泛吸取社会科学、军事学、教育学研究方法,并形成自身独特的研究方法。既有方法论和一般方法支撑,也有自己的特殊研究方法。四是研究队伍。普通高校国防教育蓬勃开展,师资队伍日益壮大,尤其是普通高校军事教师队伍已经有一定的规模,这支队伍已经具备一定的研究能力。五是学科理论要有用。国防教育学学科理论显然是有用的,可以为国防教育活动提供理论和方法指导。

因此从上述诸多方面来看,国防教育学学科建立,已经到了水到渠成和瓜熟蒂落的时候了。目前应当大力推动国防教育学学科的建立,并加大学科建设力度,使这一新兴学科成为国防教育和国家安全教育的重要支撑。而国防教育学学科的建立,不但需要相关部门的推动,更需要广大普通高校军事教师加强学科理论研究,为学科的建立奠定理论基石。即使该学科在相关部门的推动下建立起来,也需要高校军事教师不断加强科研,进一步丰富和发展国防教育学学科理论体系。因此,从国防教育学学科建立角度而言，普通高校军事教师是需要把构建国防教育学学科理论体系作为自身科研的重要使命的。

要建立国防教育学学科，还需要回答一个问题——国防教育学学科有其理论体系吗？回答是肯定的。

《中国军事百科全书》第二版学科分册之《国防教育》，对国防教育学形成与发展问题有所描述，摘录如下：

"国防教育学是随着国防教育实践活动的发展和对国防教育理性认识的不断深化而逐步形成的……中华人民共和国建立后，中国共产党和中央人民政府坚持国防教育作为巩固国防的基础环节，高度重视对国防教育理论研究的组织领导，国防教育理论在实践中不断得到发展，国防教育学逐步形成和完善。主要表现在：①开辟了国防教育学术研究阵地，形成了国防教育理论研究队伍。国家创办了《中国国防报》，一些地方创办了《国防教育报》等专门的国防教育报刊，许多报刊开辟了国防教育专栏，作为开展国防教育理论研究的平台。②形成国防教育研究队伍。政府和军队建立了国防教育组织机构，部分军队和地方院校成立了承担国防教育任务的教学研究机构。各级各类国防教育机构组织了国防教育专题理论研究，国家首次制定的"军事科学研究五年规划"将"国防教育研究"列为国家重点研究课题。民间创建了国防教育学会、国防科普委员会等学术性社会团体，也开展了国防教育理论和现实问题的研讨活动。随着国防教育理论研究活动的深入发展，逐步形成了一支由专业理论研究人员、国防教育教师和群众性国防教育理论研究积极分子构成的理论研究队伍。③出版了一批国防教育理论专著，形成了比较系统的国防教育理论。20世纪80年代以来，先后出版了《国防教育概论》、《国防教育教程》、《国防教育学》等理论专著，提出了国防教育学的一系列科学概念和范畴，探讨了国防教育学的基本理论原则和研究方法，构建了独具特点的理论体系。④国家公布了《中华人民共和国国防教育法》等一系列有关国防教育的法律法规，推动了国防教育学的形成与发展。"[①]

一般而言，百科全书和军事百科全书，能够收录的条目都是现实中已经有的、大家公认的、具有明确内涵的概念、学科理论和知识点。中国古

---

① 余高达：《中国军事百科全书（第二版）国防教育（学科分册）》，中国大百科全书出版社，2007年版，第22～24页。

代和近代就有了国防教育，但没有形成系统的国防教育理论。但"国防教育学"这一概念，早在1940年董问樵所著《国防经济论》一书中就首次提出了。毛泽东在1938年所著的《论持久战》中，已经把"厉行国防教育"作为重要问题专门加以阐述。中华人民共和国建立后，国防教育学逐步形成和完善。《中国军事百科全书》第二版学科分册之《国防教育》列了"国防教育学"这一条目，说明国防教育学理论体系在我国国防教育实践中的确得到了较大的发展，学科理论体系的构建也取得了一定的成就。因此，普通高校军事教师的科研使命，不仅是要学习和掌握已有的国防教育学学科理论体系，还应为其发展创新做出自己独特的贡献。从这个角度来讲，构建国防教育学学科理论体系，无疑是普通高校军事教师科研的重要使命。

国防教育学学科理论体系真的已经建立起来了吗？回答却是否定的。

《中国军事百科全书》学科分册之《国防教育》对"国防教育学"的发展趋势是这样阐述的："新世纪新阶段，国防教育学发展的基本趋向是：①深化国防教育理论研究层次。深入研究国防教育与国家利益的相互关系，进一步明确国家安全战略、国家发展战略对国防教育的总体要求，使国防教育更好地为维护国家的安全和发展利益服务；揭示国防人才成长的特点和规律，探索新的国防教育形式和方法，提高国防教育的实效。②拓展国防教育理论研究领域。进一步加强对国防科技教育理论、国防文化教育理论的研究，引导全民强化综合国力意识，全面提高政治素质、军事素质、科技素质、文化素质。③完善国防教育学科体系。系统研究世界各国国防教育的历史和现状，科学预测国防教育的未来发展，构建包括基础理论、应用理论、史学理论、发展理论在内的完整学科体系。"[1]

从上段阐述来看，国防教育学学科理论体系还远未构建起来。这岂不与前面阐述的国防教育学的形成与发展相矛盾吗？实际上并不矛盾。中国古代、近代及当代对国防教育学学科理论体系的探索一直在进行，也取得了许多成果，这是不争的事实，而且为国防教育学学科的建立奠定了坚实的理论基础。如果没有这些实践与理论上的探索，别说建立国防教育学学科，就连"国防教育学"也不能列入军事百科全书的条目。说国防教育学

---

[1] 余高达：《中国军事百科全书（第二版）国防教育（学科分册）》，中国大百科全书出版社，2007年版，第24~25页。

学科理论体系还远未建立起来,则一方面指普通高校还没有普遍设立"国防教育学"这个学科(2012年,厦门大学已经设立了国防教育学学科,并招收全日制国防教育学硕士研究生,但这只是个例);另一方面,国防教育学学科理论体系的建立,还有许多工作要做。

首先是要在有条件的普通高校设立"国防教育学"这一学科。

如前文所述,无论是从培养国防人才和国防教育师资队伍的需求出发,还是解决普通高校国防教育的体制、运行模式、教师学科归属及职称评定与专业化成长需求出发,在普通高校设立国防教育学学科都是非常必要而且是迫在眉睫的。不树立国防教育学学科这面旗帜,国防教育学学科理论体系的建立终将不可能实现。

其次是要探索和明确国防教育学学科建立的基本思路。

笔者认为,国防教育学最好是作为一个学科门类来设立,即在目前的13个学科门类中,增加一个国防教育学学科门类。国防教育学是研究国防教育的一般现象,揭示其本质和规律,并用于指导国防教育实践的科学。它是教育学与军事学的交叉学科,与教育学及军事学的所有学科都有密切的联系,设立这一学科门类,有助于全面系统地研究国防教育学学科理论和指导全民国防教育的深入开展。

如果国防教育学不能作为一个学科门类来设立,只是作为教育学学科门类中的一个学科来构建,基本思路也有两个:一是建立教育学学科门类中的国防教育学一级学科,二是作为教育学这个一级学科中的二级学科来建设。

如果能够把国防教育学作为教育学门类中的一级学科建设,笔者认为也是非常理想的,因为不仅是高校需要国防教育,全社会都需要国防教育和国防教育学的理论指导,因此有必要把国防教育学作为教育学门类中的一级学科来设立。

另外一种思路就是在教育学这个一级学科之下建立国防教育学二级学科。这个设想可能更加现实些,也更加好实现。因为系统研究教育学理论和国防教育学理论的主要队伍,主要集中在高等院校。因此在教育学一级学科下建立国防教育学二级学科相对更容易实现。2012年厦门大学已经在教育学下自主设立了国防教育学二级学科,2013年开始招收国防教育学学科的硕士研究生。厦门大学有教育学一级学科博士与硕士学位授权点,所以可以在一级学科之下自主设置二级学科。

从 20 世纪 90 年代末开始，吉首大学经过艰辛的探索，走出了一条科学统筹国防教育学学科建设的新路。2014 年，吉首大学率先在全国普通高校设立了国防军事教育学硕士点，同年年底成立了国防教育研究院，并开始了研究生培养工作。这一探索不但为我国普通高校国防教育学学科建立树立了学习的榜样，也提供了有益的实践模式和经验借鉴。

其他几所招收国防教育硕士研究生的大学，目前还主要是挂靠在高等教育学学科之下作为一个研究方向来招生和培养的，并没有建立国防教育学学科。随着厦门大学和吉首大学的实践探索和教育部的下一步推动，加上我们普通高校军事教师的共同努力，在许多有条件的高校，应该是可以在教育学一级学科下设立国防教育学这个二级学科的。

国防教育学学科究竟如何设立才比较科学，这是一个今后普通高校军事教师科研中需要重点探索的重大现实问题和理论问题。没有这方面的深入研究和成果支撑，决策部门就难以做出建立国防教育学学科的重大战略决策。

再次是要探索国防教育学学科理论体系构成及国防教育特点规律问题。

无论国防教育学学科作为学科门类还是教育学的一级或二级学科来建立，都涉及其理论体系构成的问题。从国防教育学知识体系结构来看，笔者认为国防教育学学科理论体系和研究的内容主要包括国防教育法规和方针政策、基础理论、技术理论、应用理论四个部分的知识体系。

国防教育法规和方针政策，是国防教育学学科理论的重要支撑。由于国防教育是国家行为，必须依法实施，而且国家负责国防教育的领导、组织与保障。公民是国防教育的对象，必须依法履行接受国防教育的义务，履行保卫国防的义务。国防教育者实施国防教育，也必须以国家法律、法规及相关政策为依据。因此，国家的国防教育法规和方针政策，是国防教育学最重要的支撑性的知识体系。

基础理论知识体系，是确立国防教育学学科的基本概念和基本理论，主要回答学科的基本问题，确立学科研究的基本范畴，探索学科研究对象的运动过程，揭示学科研究对象的基本性质和运动规律，提出学科研究的基本方法等。

技术理论，是基础理论和应用理论之间的桥梁或中介，为国防教育学研究及实施国防教育活动提供技术支撑和技术指导。如国防教育方法学、国防教育信息技术学、国防教育评价学、国防教育预测学，等等。

应用理论，应以基础理论和国家国防教育法规和方针政策为指导，直接运用国防教育学的技术科学成果和基础理论，研究各层次、各类型的国防教育活动的方式和特点规律，解决国防教育活动中的各种现实问题。同时，为国防教育学基础理论增添新的内容，为国家的国防教育法规及方针政策调整提供新的决策依据。应用理论当前主要应当研究普通高校国防教育学、企业国防教育学、社区国防教育学、军队国防教育学、中小学国防教育学，等等。另外，还要结合国防教育实践，不断研究各种国防教育活动的特点与规律，为国防教育实践提供理论指导。

上述这些问题，从目前的研究现状来看，有的理论界已经有所涉及，有的则没有涉及，因此可以说，国防教育学学科没有建立起来也是不争的事实，国防教育学学科理论体系尚未构建起来，也是不争的事实。普通高校军事教师的科研使命，不但是要通过军事理论研究和国防教育理论研究来修炼"内功"，打牢从事军事理论教学的扎实理论基础，更要承担起探索军事科学奥秘、构建国防教育学学科理论体系的责任，把我们的智慧通过科研而奉献给我国的国防教育事业，贡献给中华民族以实现"中国梦"。

总而言之，普通高校军事教师的科研使命，因有了国防教育学学科而获得了引领前进方向的旗帜，因有了国防教育学学科的支撑而凝聚力量，因有了国防教育学学科理论体系的指导而能够可持续科学发展。

上述方面，就是普通高校军事教师的科研使命。情怀与"中国梦"结合，胸襟与"中国梦"共鸣，责任与"中国梦"一致，担当与"中国梦"偕行。千里之行，始于足下。普通高校军事教师的科研，从修炼"内功"开始，必将为探索军事科学奥秘和构建国防教育学学科理论体系做出独特的贡献，为实现"中国梦"贡献自己应有的智慧。

[思考题]
1. 科研对于普通高校军事教师有什么重要性？
2. 普通高校军事教师应当确立哪些科研使命？
3. 如何构建国防教育学学科理论体系？
4. 如何建立和建设国防教育学学科？

第二讲　如何快速步入学术研究的殿堂？
——普通高等学校军事教师科研的基本路径

[导　读] "板凳要坐十年冷",方能做到"文章不写半句空"。有"十年磨一剑"的执着,才能有"励得梅花香"的收获。学术研究讲究长期钻研,日积月累。然而在这个变化迅速、信息爆炸和知识创新日新月异的时代,从事学术研究也必须符合时代特点,快出成果、多出成果、多出高质量的成果。学术研究有没有快速入门的方法呢?"多学习""多思考""多写作",就是普通高校军事教师快速步入学术研究殿堂并快出成果的基本路径。

笔者从事国防教育工作二十余年来,指导了军队院校十余名军事学硕士研究生,也参与指导了一些普通高校上百名国防教育硕士研究生,他们都提出了一个同样的问题:"如何快速步入学术研究的殿堂?"笔者给他们的建议是,打牢学术研究的基础和修炼"内功",需要长期的刻苦的积累和钻研,但快速步入学术研究的殿堂也是可以做到的,方法就是"多学习""多思考""多写作"。

对于普通高校军事教师而言,这也是我们快速步入学术研究殿堂的基本路径。

一、多学习

学习和掌握必要的、丰富的知识,无疑是从事学术研究所必需的。多学习,才能多获取知识。多知,才能多思、多写、多出学术成果。因此多学习是步入学术研究殿堂的第一个入门路径。

多学习之"多",既包括学习的目的多、学习的内容多,也包括学习的方法多。普通高校军事教师学习的目的是多种多样的,每个人也都有自己独特的学习方法,故不必多说。但从事国防教育研究,应当多学习什么,这是需要深入了解的。虽然普通高校军事教师专业背景不同,迅速步入学术研究的殿堂并掌握从事学术研究的必备知识,学习的知识内容不可能一样,但也有共同点。笔者的体会是,要在"多学习专业知识""多学习方法学知识""多学习历史知识""多学习无用的知识"等方面下一番苦工夫。

第一,多学习专业知识。

普通高校军事教师要迅速步入国防教育学术研究的殿堂,必须多学习教育学和军事学两个大的学科门类的专业知识。因为一方面,国防教育学学科具有教育学和军事学的双重学科属性;另一方面,高校军事教师包括国防教育研究生,从事的是国防教育理论研究,因此,必须把这两大学科门类的知识作为自己的专业知识来学习。只有这两大领域的知识都基本具备,才可能迅速由学习知识的过程进入学术研究的过程。

教育学知识,是普通高校军事教师首先必备的专业知识。没有这方面的知识,就难以从事军事理论教学和国防教育理论学术研究。

掌握丰富的教育学知识才能当好军事教师,恐怕各位军事教师没有不赞同的。因为从事国防教育与其他教育一样,也是传道、授业和解惑。如果不懂得教育的目的、教育的规律、教育的方法和教学艺术,不但没有办法传道,更不可能授业和解惑。而国防教育与其他教育一样,还不仅仅是传道、授业和解惑的问题。教育的本质,是要培养学生学习研究的方法和知识创新的能力,如果教师没有这样的能力,又如何培养学生的学习能力和知识创新能力?国防教育也是如此,军事教师具备了较高的研究能力和创新能力,才可能培养学生探索国防理论、军事理论所需要的学习研究能力和创新能力。

因此,多学习和掌握教育学知识,不但能够提高教学能力和艺术,也是为从事国防教育研究奠定基础。作为军事教师,要想提高自身的专业素养和研究能力,首先应当从学习教育学知识入手。笔者在军队院校任教十余年,虽然长期研究军事理论,但对教育学知识掌握不多,转入普通高校任专职军事教师后,非常想在国防教育研究方面多出成果,但却感觉有些力不从心。深入思考后,笔者找到了原因,那就是应当迅速补上教育学知识的短板，否则难以展开国防教育学术研究。

军事学知识，也是普通高校军事教师必备的专业知识，对于搞好军事理论教学和国防教育学术研究不可或缺。

一些教育学专业出身的老师，依然会在研究国防教育理论时有无法下手的感觉，主要原因就是不具备军事学知识。因为国防教育研究与军事学有密切的关系，不具备一定的军事学知识，是无法真正从事国防教育研究的。因此，军事学知识，也是普通高校军事教师必备的专业知识。就教学而言，国防教育主要是传授军事理论和国防知识；就研究而言，国防教育研究又主要是研究军事理论和国防教育的特点规律、建立和创新国防教育学学科理论体系，多学习军事学知识，才能奠定与军事有关的学术研究的知识底蕴。

教育学知识与军事学知识，犹如普通高校军事教师的两条腿，缺少了任何一方面，都注定是跛子，难以在学术研究的道路上远行。

然而这两大学科门类，有十余个一级学科及众多的二级学科，专门学习教育学或军事学的某个学科的知识已属不易，更何况大多数学科的知识都必须掌握，至少也要比较了解，才可能对学术研究有所帮助。那么如何多学习这两个学科门类的专业知识呢？笔者认为至少有四个方面的问题应当予以把握。

一是多学习学科教材和通俗读物。俗话讲："基础不牢，地动山摇。"因而学习专业理论知识，首先要注重打牢基础。办法就是从阅读学科教材和通俗读物入手。学科教材一般偏重于学科基本概念、基本理论体系和研究内容及研究方法的介绍，教育学和军事学教材也是如此。选择一本或多本学科教材认真学习，掌握学科基本概念、理论体系和研究方法，是非常必要的。阅读一些学科通俗读物，也是非常有益的。甚至可以在学习专业教材之前，先阅读一些相关通俗读物，为学习专业教材打下基础。教育学、军事学一级或二级学科中的许多学科教材及通俗读物，凡是自己感兴趣的、对教学与科研有用的，都应当认真学习。笔者在攻读军事学硕士与博士学位期间，对大多数军事学学科中的一级学科的教材和相关通俗读物都花了大量精力进行认真学习。在学术研究中，往往能够运用多学科的理论和方法来思考和研究问题，正是得益于此。

二是多学习专业领域中的学术研究著作和文章。许多老师都有一个体会，学习了许多教材后，还是难以从事相关理论研究，问题就出在只有基础，而缺乏对许多知识和理论的深入了解。例如，许多老师都喜欢研究《孙子兵法》，看了数十本教材和通俗读物后，依然研究不了《孙子兵法》。笔者的体会是，基本教材和通俗读物，只是了解性的学习，还不是深入研究层次的学习。所以在有了基础后，必须多学习一些专业领域中的学术研究著作，从中进一步深化对一些知识和理论问题的认识。例如读了两三本《孙子兵法》方面的教材和通俗读物后，就可以选择一些相关研究著作来深入学习，如钮先钟所著《孙子三论：从古兵法到新战略》，吴如嵩所著《孙子兵法新说》，宫玉振所著《取胜之道：孙子兵法与竞争原理》，杨新等所著《孙子兵法战略思维》《孙子兵法战略文化研究》等，另外，再多读一些《孙子兵法》研究相关的学术文章，通过大量的研究性学习，就可以迅速上手从事《孙子兵法》研究了。

三是多学习学科领域经典著作和大师的学术著作。学习经典著作和大师的学术著作，目的有三：其一是知道学术研究的高标准是什么，其二是了解大师的风采和理论主张，其三是学习大师和经典作家们的治学方法与治学精神。要达到这些目的，学习专业教材和一般学者的研究成果，根本无法实现。

所以，要迅速步入学术研究领域并在学术研究上获得更大的提高，必须以经典理论为参照，以大师为榜样。多向大师学习、向经典理论著作学习，是非常有益的。你站在珠穆朗玛峰上获得的高度，永远超过那些站在高楼上的人所具有的高度。即便你不想成为学术研究的大师，也不想自己的学术成果能够成为经典，但向大师学习、向经典著作学习，仍是不可或缺的。因为为了教学和学术研究，反正都需要多读书，为什么不选择读更有价值的书呢？教育学和军事学领域，经典著作和大师级人物的著作颇多，军事教师应该多加以学习，从中充分获取国防教育学术研究的知识营养和方法论。

四是多学习一些学科史著作和学术研讨会论文集中的文章。任何领域的学术研究，研究任何历史与现实的问题，其实都必须知道它的过去、现在和未来。读一些教育学和军事学学科的学说史类著作，有助于我们了解学科发展的历史，以及不同时期对同样的问题的不同看法，同一时期对同样问题的不同看法。如果能全面了解了一个学科的学科发展史，我们就可以研究现实问题和预测其未来的发展趋势。

多读一些近年来的学术研讨会论文集也是非常有益的，可以帮助我们迅速了解学科领域中的前沿问题,了解学术界研究的兴趣点和重点何在。从事学术研究,一般而言,要么是透过历史看现实与未来,要么是回答热点理论问题或回答现实问题。如果不了解所要研究的理论和问题的过去,我们的研究就不可能有新的高度和深度。如果不了解前沿和热点所在,我们的研究就没有针对性,不能做到有的放矢。

还以研究《孙子兵法》为例,如果不认真阅读《孙子兵法研究史》,不读近年来几届《孙子兵法》国际研讨会的论文集,我们是很难抓住《孙子兵法》研究的历史脉络和当下人们关注的《孙子兵法》研究前沿的。当我们了解了《孙子兵法》研究的历史和当下的热点与前沿,研究的方向自然就比较明确了。

以上各点,概而言之,就是要多学习学科教材和通俗读物而入门,多学习研究性著作以融会贯通,多学习经典和大师著作以提高层次,多学习学科史和研讨会论文集把握历史脉络和学术前沿。多学习专业知识,必须从这几个方面着力。

第二,多学习方法学知识。

方法是解决问题的桥梁和工具。方法运用得当,学术研究可收事半功倍之效。方法运用不当,不仅难以提高研究效率,更可能在学术研究中得出错误的结论。所以为了搞好国防教育学术研究,必须多学习方法学知识。方法学知识主要应当在以下三方面多学习:

一是多学习哲学方法。哲学解决的是世界观和方法论的问题。许多人认为哲学是"无用之学"。其实在哲学社会科学领域,"无用之学"往往是"大用之学"。哲学提供的世界观和方法论,规范着我们的思维观念和思维的方式与方法,学术研究需要有科学的思维。如果不掌握科学的哲学方法论,我们的学术思维就可能因为思维观念和思维方式不科学而出现问题。多学习哲学方法,既包括学习马克思主义哲学方法,也包括学习其他哲学方法,如中国古代哲学方法、西方不同流派的哲学方法,等等。总之,多学习哲学方法,应当以马克思主义哲学方法的学习为主,同时多学习其他哲学方法,尤其是当代新兴哲学,通过比较、借鉴和融合,就可以形成自己研究问题的独特哲学方法。有了正确的、独特的哲学方法,进而就能够形成和构建起科学的思维方式,从而使我们的学术研究有科学的思维方式做前提和保障。

另外,还应当多学习军事哲学方法,如马恩列斯军事哲学方法、毛泽东军事哲学方法、中国古代的军事哲学方法等。国防教育学术研究，离不开军事哲学方法的指导。例如笔者在给部队指挥员、军事学研究生和国防教育研究生上课时，他们总是被一个问题困扰着："海湾战争是正义战争吗？"这个问题确实比较迷惑人。因为海湾战争是伊拉克侵略科威特而引起，联合国对以美国为首的多国部队打击伊拉克授了权。联合国授权打击侵略者，那么多国家都参加的战争，能说不是正义的吗？所以许多人认为，海湾战争理所当然是"正义战争"。但是我们如果学习和掌握了马恩列斯军事哲学和毛泽东军事哲学的方法论，就能够得出"大霸打小霸"的战争，双方都是非正义的正确结论，在此问题上也就不会有疑惑了。

二是多学习不同学科的方法学。不同的学科，都有自己独特的研究方法。一般而言，任何学科的方法，都包括了三个层次的方法，即方法论、一般方法和操作性方法。方法论层面，许多学科的研究方法是相通的。一般方法和操作性方法，也是可以借鉴的。如果仅仅掌握本学科的研究方法，不了解或不运用其他学科的研究方法，学术研究就受到了研究方法的制约。当代社会科学研究，越来越注重借鉴和运用自然科学的研究方法，自然科学研究也越来越重视借鉴和运用社会科学研究方法，所以当代自然科学和社会科学研究，都能够突飞猛进地发展。国防教育学术研究，也应当通过借鉴不同的学科方法形成自身独特的研究方法体系。

作为普通高校军事教师，尤其应当多学习教育学和军事科学的研究方法，把两大学科门类的研究方法融会贯通，才可能搞好国防教育研究。多学习其他学科的方法学之所以重要，是因为不同的方法运用于学术研究，在研究同一问题上会产生不同的研究视角，不同的研究方法科学组合，在研究同一问题时会产生不同的研究范式。研究视角和研究范式的转换，往往会带来理论的创新与突破。例如笔者近年来把思维学、军事思维学、军事思想、军事战略及军事文化研究的不同研究方法结合运用，在军事战略思维理论、战略文化理论及《孙子兵法》战略思维与战略文化研究等领域都取得了一些研究成果，不但发表了数十篇高质量的学术论文，还出版了多部独著与合著作品，如《军事战略思维研究》《孙子兵法战略思维》《孙子兵法战略文化研究》等，出版了自己的《悦读孙子兵法》教材，与其他老师合作出版了《海洋安全教育概论》教材。这些跨学科的研究成果，都得益于对多学科研究方法的学习和运用。如果普通高校军事教师注重多学习各个学科的研究方法，能够结合运用，在国防教育领域取得许多突破性的研究成果，并不是太难的事。

三是多学习思维科学方法。我们在学术研究过程中，经常会感到自己思路不开阔、逻辑混乱、论述问题没有条理或没有深度等，主要原因不仅仅是理论功底不扎实和知识面较窄的问题，恐怕更是没有学习和掌握思维科学方法的问题。著名科学家钱学森在20世纪80年代就预言，思维科学可能是21世纪领头的学科之一，并倡导和推动了我国思维科学的诞生。我国思维科学研究至今已经有30多年的时间，取得了许多重大研究成果。思维科学既是科学，又是技术；既是理论，又是方法；既研究人工智能技术，又研究人脑的思维机理及思维方式与方法。思维科学提出的思维方法与思维规律，是我们学术研究必须运用的科学思维方式、思维方法，是必须遵循的思维规律。如果多学习一些思维科学的方法，就能够规范、制约、引导我们的学术研究思维活动科学运行。

笔者在学术研究中，也曾长期受到思路不开阔、逻辑混乱等方面的困扰。后来攻读博士学位期间，有意识地系统学习了思维科学和军事思维科学方面的一些理论，博士学位论文和博士后研究报告研究的都是战略思维领域的问题。笔者的体会是，学不学思维科学方法，结果真可谓是"冰火两重天"。后来笔者在指导研究生时，就要求学生一定要多学习思维科学方法，并定期进行交流和探讨。学生们普遍感到受益非常大。而且笔者一些研究生的学位论文就以军事思维领域的问题为选题，也都取得了优秀成绩。由此可推断，普通高校军事教师从事国防教育研究，也应当多学习思维科学方法，在学术研究中注重自觉地加以运用。正确运用思维科学方法，不但能够让我们的学术研究思维活动科学运行，而且能够开启我们逻辑思维、直觉思维、灵感思维和超常思维的大门，让我们总是能够迅速地找准研究的方向和解决问题的途径。

以上各点，概而言之，多学习方法学知识，当以学习各种哲学方法为基础，以学习不同学科的方法为重点，以学习思维科学知识来贯通。这些领域的方法掌握越多，越能够灵活运用，就越能很好地解决学术研究的方法问题。

第三，多学习历史知识。

相信也有不少老师与笔者一样，从中学到大学期间，都不太喜欢历史这门课程，直到读博士期间，笔者依然不喜欢学习历史。但后来笔者却越来越发现学习历史知识非常重要。就讲课而言，有时想给学生举个例子来说明问题，但由于历史知识缺乏，要找个恰当的故事或战例，真的非常不容易。就学术研究而言，许多学者的书和文章，文史通达，说理透彻，许多例子信手拈来，非常贴切；而自己在学术研究中，有时为了找个恰当的例子来论证观点，所用工夫远比花在其他方面的要多很多。尤其是在一些理论和观点的发展变化方面，很难梳理出传承关系。后来笔者经常请教一些学者，从他们的治学经验中发现，凡是有造诣的学者，往往多在学习与研究历史方面花了许多工夫。因此笔者体会到，从事教学与学术研究，必须多学习历史知识。

多学习历史知识对于学术研究有什么用呢？笔者体会至少有四个方面的作用：

一是历史知识可以为我们的学术研究提供丰富的素材。研究中国古代、近代与当代国防教育史，研究西方国家的国防教育历史，研究世界军事史、战争史，研究中国军事史、战争史，本身就是国防教育研究的重要内容。不了解相关的历史知识，就无法找到自己研究的素材和问题。

二是历史知识可以为我们的学术研究提供经验教训和规律性的认识。例如要研究当前高校国防教育体制、机制及运行模式方面的问题，如果不了解中国的国防教育历史，不了解外国国防教育的历史，我们只能就当前的现象来分析问题，而难以从历史的角度发现规律性的东西。

三是历史知识能够让我们的研究成果具有历史的厚重感。许多学术研究成果之所以没有生命力，就是因为没有历史的厚重感。研究过去而不涉及现在与未来；研究现在而没有回顾与借鉴历史；研究未来，则既无历史又无现在。此类学术成果，因缺乏历史知识而没有深度和历史发展的必然逻辑。

四是历史知识能够让我们的说理和论证深刻而生动。读毛泽东的军事著作，我们会发现毛泽东从来不空洞说教，他总是引用大量的历史资料和生动的故事、典故、成语来说明问题，因而他的军事著作，对于以往以农民为主体、文化程度普遍不高的我军指战员来说，可读性很高，这与毛泽东丰富的历史知识是绝对有关系的。而当今一些学者的著作枯燥乏味，也与其没有丰富的历史资料有关系。论从史出，史论结合，始终是学术研究应当把握的一个基本原则，也是撰写学术文章与著作的基本要求。

因此，普通高校军事教师从事国防教育学术研究，应当多学习历史知识。可以在闲暇时多读一些中国通史、世界通史著作以入门，重点是学习国防教育历史、军事史和战争史。有了一定的历史知识做基础，学术研究就能够迅速步入一个新的天地。

第四，多学习"无用"的知识。

以上所讲的知识学习，主要是从"学以致用"方面来讲的。但是我们还应当突破"学以致用"的学习理念，多学习与工作、研究不相关的知识。简而言之，就是多学习一些看似"无用"其实有大用的知识。

知识对于学术研究而言，有用与无用是相对的。所谓"有用"的知识，主要是指学术研究领域中的专业知识。如前面提到的教育学和军事学两大学科门类中各学科的知识，对于从事国防教育学术研究者来说，这肯定是有用的知识。而哲学、历史学、方法学及思维科学知识，在一些人的眼中是有用的，而对于另外一些人来说，可能就会认为是无用的。一般大家眼中所谓的"无用"的知识，主要是指和自己的工作及学术研究不直接相关的知识。如对于国防教育学术研究者来说，物理、化学等自然科学知识对于我们基本上就是无用的知识。即便是军事学领域中的战术学、装备学、训练学等学科的知识，笔者甚至也认为基本上是无用的知识。因为我们从事国防教育研究所需要的军事学知识，主要是军事思想、军事历史、军事战略、国家安全、国防动员、军事技术等方面的知识。那为什么我们又必须多学习一些"无用"的知识呢？主要有以下三个方面的原因：

一是为了转换脑筋和娱乐。长期从事教学与学术研究的人，都有共同的体会："累""痛苦"。因为教学与科研工作者，总是在做别人没有做过、自己也没有做过的事，总是在做别人不会、自己也不会的事，或者总是在做别人没有做好、自己也没有做好的事，所以不但身体累，心也特别累。为了不至于身体和心理都垮掉，就必须学会转换脑筋和娱乐。转换脑筋和娱乐的方法很多，因人而异。比如放下学术研究去旅游、运动、看电影，等等。除了这些方法，笔者体会还有一个重要的方法，就是读一些看似"无用"的书和文章，这也是迅速转换脑筋和娱乐的好方法。我们的时代，是一个不看书学习就难以生存的时代，不大量阅读就难以掌握有用信息的时代。用"学习控"来形容这种时代特点，可能再恰当不过了。如果总是

"啃"专业书籍而不读"闲书""无用"的书，恐怕许多人都会崩溃的。忙里偷闲读一些所谓"无用"的书，是一种非常好的转换脑筋和娱乐自己的方法。而且其优点也是别的休闲方式不具备的，因为不管学习点什么，都是一种知识的积累，早晚用得上的。孔子曾说："吾尝终日不食，终夜不寝，以思，无益，不如学也。"（《论语·卫灵公》）荀子也说："吾尝终日而思矣，不如须臾之所学也。"（《荀子·劝学》）圣人之教诲，说明我们与其干些别的无益的事情，不如切切实实地读点书，哪怕是读点"闲书"，学点"无用"的知识，学总比不学要好。在"啃"专业书籍之外，经常看点与专业和学术研究无关的书和文章，就会感到学习是非常美妙和令人愉悦的享受。"累并快乐着"，难道不是一种很好的转换脑筋和娱乐自己的方式吗？

　　二是储备知识和开阔思路。学术研究不仅需要大量的专业知识，也需要广博的专业领域之外的知识。一般而言，知识面越宽，学术研究的思路就会越宽阔。所以，多学习一些与学术研究不直接相关的各种知识，对于拓展知识面是非常有益的。尤其重要的是，学术研究有时到了"山穷水尽疑无路"时，仅凭专业知识往往难以开阔思路，专业以外的所谓"无用"知识，则往往能使我们茅塞顿开，让人能够忽然进入到"柳暗花明又一村"的境地。

　　几年前，笔者开始专注于《孙子兵法》研究，看了几十本专业书籍，阅读了上千篇相关研究文章。本以为可以开始着手写一些研究文章了，结果却遇到了一个非常让人苦恼的问题：真正动手写文章时，发现竟然没了思路。原因不是阅读的专业书籍和文章少，而是感觉看多了，每想到一个问题，却发现这些问题其实已经有了不少的研究成果，而且都研究得非常到位，似乎自己能够想到的《孙子兵法》相关的问题，都已经研究充分了，于是就没有了可以进一步动手研究的思路。

　　怎么办呢？恰好那段时间，笔者在电视上看到台湾学者傅佩荣、曾仕强讲《易经》的智慧，看了几集，感觉非常好。于是笔者上图书馆借了一本《〈周易〉经传十五讲》认真阅读。该书提到，有学者认为研究《易经》有两种方法或途径，即"科学易"与"易科学"。所谓"科学易"，是"以科学治易学"，即以现代科学理论或方法研究易学，属于解释学的范畴。所谓"易科学"，是"以易学治科学"，即以易经的方法与理论来指导现代科学研究。两者的差别是"理解"与"创造"之别。① 读了这本书，不但让笔者对《易经》这一古代典籍有所了解，更为重要的是，这对笔者研究《孙子兵法》起到了开阔思路的作用——也可借鉴"科学易"与"易科学"的研究路径来研究《孙子兵法》，用"科学孙子"和"孙子科学"两种思路来研究《孙子兵法》。

所谓"科学孙子"，即以"科学治孙子学"。我们可以用现代科学理论和方法，包括当代科学理论的知识与方法，去重新解释《孙子兵法》，如运用经济学、企业管理、思维科学、军事文化学等理论和方法解读《孙子兵法》，赋予《孙子兵法》新的时代内涵。所谓"孙子科学"，即以"孙子学治现代科学"，如果运用《孙子兵法》的理论和方法来研究经济学、企业管理、思维科学等理论，我们可以在许多领域不断创造出新的知识与理论。

有了这个启发后，笔者就开始付诸行动。最近五六年来，笔者相继撰写了近30篇《孙子兵法》研究相关的学术文章，中稿率达到了百分之百。还与他人合作出版了《孙子兵法战略思维》《孙子兵法战略文化研究》两本学术著作，并把20余年来自己给学生讲授《孙子兵法》的讲稿整理出版了《悦读孙子兵法》教材。笔者发表的《孙子兵法》研究文章，有的文章就是从军事思维学、战略思维理论和军事文化学视角来重新解释《孙子兵法》，有的文章则是运用《孙子兵法》理论来创新企业战略管理、战略思维和军事文化、战略文化研究。笔者在《孙子兵法》研究领域取得的这些成果，不但得益于学习获得的《孙子兵法》专业知识，更得益于学习《易经》时所获得的方法启迪。

普通高校军事教师从事国防教育理论和军事理论研究，同样也需要多学习一些"无用"知识，为拓宽知识面和开阔学术研究思路服务。

三是提升精神境界和增加人文素养。任何人从事任何学术研究，都需要一定的精神境界和人文素养作为学术研究的支撑。

精神境界对于学术研究而言非常重要。北宋哲学家张载的"横渠四句"："为天地立心，为生民立命，为往圣继绝学，为万世开太平"。试想，如果普通高校军事教师从事学术研究仅为了评职称和提升自身的知名度，没有张载所说的那种精神境界和崇高的情怀，又怎么可能有学术报国的志

---

① 廖名春：《周易经传十五讲》，北京大学出版社，2004年版，第16页。

向和为万世开太平的学术成就呢？不断学习一些诸如哲学、史学等所谓的"无用"之学，甚至再重读《共产党宣言》，对于我们提高精神境界是非常有益的。有了崇高的精神境界，就有了治学的动力和方向。

关于"无用"之学和"学以致用"的认识，著名历史学家顾颉刚先生说："学问的范围何等样大，凡是世界上的事物都值得研究，就是我们人类，再研究一万年也还是研究不尽。至于应用的范围却何等样小，方向是根据我们所需要而走的。昨天需要的东西，今天不要了，就丢了。今天需要的东西，明天不需要了，也就丢了。若是为了应用的缘故，一意在应用上着力，把大范围忘了，等到时势一变，需要不同，我们岂不是只剩了两只手呢！我们不能一味拿有用无用的标准来判定学问的好坏；就是某种像是没有用的学问，只要我们有研究的兴趣，也是可以研究下去为我们所用的。"①

顾先生的精辟警示，说明我们的学习必须要突破"学以致用"观念，任何的学问，看似无用，其实都是有用的。

著名哲学家冯友兰先生在谈哲学是否有用时也说："哲学对客观事实并不提供任何信息，因此，哲学对现实问题并不试图去具体地解决……从'实际'的观点看，哲学无用，但哲学可以给我们一种有用的观点。在《庄子·外物》篇中，把它称做'无用之用'。"②冯先生还认为："科学可以增加人的积极知识，但不能提高人的境界。哲学可以提高人的境界，但不能增加人的积极知识。"因此，"哲学的作用就是提高人的精神境界"。③

历史学家和哲学家的警示，说明诸如历史与哲学这类其实是大用之学，其用处主要就是能够提升我们的精神境界。在我们治学时，应当牢记这些教诲。多学点所谓的"无用"之学，不断提升我们的精神境界，在学术研究中，我们就能够明白"学问的范围何等样大"了。

从事学术研究，固然需要积极的、广博的知识，但更需要深厚的人文素养，这也是学术研究者必备的素质。近年来见诸报纸、电视和网络的许多事件，让大家看到了一个严重的问题，许多各个领域里的专家学者，有

---

① 安排：《阅读的危险：大师们的读书经验》，吉林出版集团有限责任公司，2007年版，第64页。
② 冯友兰：《中国哲学简史》，新世界出版社，2004年版，第100页。
③ 冯友兰：《冯友兰学术自传》，人民出版社，2007年版，第232~234页。

知识有技术，但却没有基本的人文素养。原因何在？恐怕与其只专注于"学以致用"不无关系。过分专注于"学以致用"，就会缺乏必要的人文素养；缺乏人文素养，就没有大智慧。

古希腊哲学家苏格拉底曾说："知识关乎自然，智慧关乎人生。"科学知识和专业知识，可以为我们解决问题提供必要的手段，但却解决不了人生需要的智慧问题。

对于学术研究而言，它不仅仅是运用知识解决现实问题，更是运用我们的智慧创造性地提出解决问题的方法和哲学思考。在中国革命战争实践中，毛泽东既能刻苦钻研马列理论，又精通中国传统文化，以超人的智慧，提出了"枪杆子里面出政权"的著名论断，创造性地提出了"农村包围城市"的中国革命道路，指导中国革命取得了伟大的胜利。毛泽东深厚的以中国传统文化为根底的人文素养，使其具有了超人的智慧。而其著作与思想，又是后人智慧的重要源泉。

因此，多学习一些所谓的"无用"之学以提高我们的人文素养，进而提升我们的智慧，也实为学术研究所必须。

以上几个方面，从多学习的角度谈了步入学术研究殿堂的第一个路径问题。从事学术研究，首先应当多学习。多学习才是硬道理。如果等在学术研究的天地里走了不少弯路后，才后悔当初"不如学也"，那就有点晚了。

二、多思考

孔子说："学而不思则罔，思而不学则殆。"（《论语·为政第二》）意为学习而不思考，则将毫无领悟。思考而不学习，就会陷于迷惑。[①] 先哲的教导，给我们指出了学与思的辩证关系。笔者认为，在多学习的基础上多思考，是迅速步入学术研究殿堂的第二个基本路径。

许多人在学习的过程中，是非常注重思考的，但是就是难以迅速进入学术研究的殿堂。为什么呢？恐怕不是学习不够和不努力的问题，而是思考出了问题。多思考，要在思考什么和如何思考方面多着力。

---

① 傅佩荣：《论语300讲（上）》，中华书局，2011年版，第65页。

多思考"什么"呢？从迅速步入学术研究领域这个角度而言，应当在学习的过程中多思考以下五个方面的问题。

第一，是多思考理论观点。我们阅读书籍和学术文章的目的，是学习其理论观点，因此多思考，首先是思考我们接触到的理论观点。如果读了一部著作或一篇学术文章，没有深入思考过其中的理论观点，没有真正深入地掌握，不如不阅读。思考理论和观点的基本方法：一是反复阅读。只有反复阅读，仔细琢磨，才能深入领会。二是对比分析。需要再找一些相关书籍和学术文章，把其中提出的理论和观点进行对比与分析，从而读出广度、深度与新意来。

第二，是多思考理论与观点背后的东西。能够深入思考书籍与文章中的理论和观点，已经是非常深入的思考了，但对于学术研究而言还远远不够。更深入的思考，应当是"顺藤摸瓜"，进一步抽出其中理论和观点，深入思考作者论点背后的东西。第一步，要思考支持作者论点的论据问题。如支持论点的论据是否合理、论据是否可以用其他论据替换、论据是否可靠和充分、论据来源是否可靠等。第二步，要思考论点本身是否正确的问题。能够发表的文章和出版的著作，一般而言，理论和观点都具有一定的新意和独创性，但并不是不值得怀疑。能够提出质疑，就可以进一步深入思考作者理论与观点的正确性或缺陷问题。方法是在假设其都正确的前提下，要深入思考自己还能否提出一系列补充的观点。然后再假设其观点不合理甚至不正确的前提下，深入思考应当提出什么新的观点才能够解决其不合理性。如果通过正反两方面的深入思考，在这些学术问题上就可能产生独特的看法。自己提出的许多想法，可能就是值得我们研究的学术问题。通过这两个步骤，我们在学习时就能够把书和文章看"厚"，增加许多自己深入思考后的学术观点和理解。

第三，是多思考书和文章的框架结构和内在逻辑。许多人在深入学习研究了许多材料后，通过思考提出了值得研究的问题和观点后，还是难以开展学术研究和写作。其中的原因，主要是在读书学习时缺乏思考其中框架结构和内在逻辑的思维训练。笔者的体会是，要解决这一问题，可以分三步解决。

第一步，我们阅读任何书籍和学术文章，一定要有一个基本的观念，首先要阅读的不是书籍和文章的正文，而是前言、后记、提纲等内容。阅读了前言、后记，就了解了书籍、文章的相关背景和大致内容。在此基础上，开始重点研究书籍和文章的提纲，从整体上先把握住书籍和文章的框架结构和作者思考问题的内在逻辑。

第二步，在重点研究和思考了书籍与文章的框架结构和内在逻辑后，才阅读正文，把握作者提出的理论和观点。方法就是前面两个多思考提出的方法。

第三步，在阅读、思考并掌握了书籍的理论观点后，再回头进一步深入思考和研究书籍与文章的框架结构与内在逻辑，看看作者的提纲、构思的思路、论述逻辑等是否合理，如果感觉不合理，自己就要进一步深入思考并列出合理的提纲，提出合理的论述逻辑来。如果在学习中长期坚持这种方法自我训练，就能够解决学术研究时提不出科学的假设、列不出合理的提纲、找不到内在的论述逻辑等方面的问题。

多思考框架结构和内在逻辑，往往是人们读书学习时最容易忽视的问题，但却又是非常重要的问题。笔者前些年曾为一家军队出版社规划了百余种书籍，在一周内便列出了全部的提纲和内容提要，正是得益于这种思考方法和长期的自我训练。

第四，是多思考书籍和文章的语言风格。不同的书籍与学术文章，语言风格是各异的。即使同一作者，写不同的文章，或为不同的刊物写文章，语言风格也会有所变化。因此，学习时多思考，还必然包括多思考书籍与文章的语言风格问题。如果长期坚持这一习惯，不但能通过模仿别人的语言风格而形成自身独特的语言风格，还能够做到在学术研究中根据不同的需要而灵活变换语言风格。

第五，是多思考杂志、报纸的风格。我们的学术研究成果，需要不同的刊物来发表。但是许多人非常费力地写了一篇文章，投出去后却发表不了。为什么呢？也许并不是文章的质量问题，而是不符合该刊物的风格问题。

一般而言，有的刊物是纯粹的学术性刊物，不会发表工作总结和调研性的研究报告；有的刊物就是工作研究性的，当然不会发表学术研究性的文章；有的刊物则兼有二者的特点。有的刊物要求文章语言具有严谨的学术性风格，有的刊物则要求把学术性研究以比较通俗的语言风格表述。而且虽然各种刊物对文章的注释、文献著录等学术规范都有明确的要求，但不同刊物的要求并不一致。如果我们不注意在学习的过程中思考和把握不同刊物的上述特点与风格，写文章就没有针对性，投稿也不能做到胸中有数。因此我们在看书学习和阅读学术文章时，还应当多思考和比较不同刊物的风格，动笔写作之前，就要明确这篇文章是写给什么刊物的、用什么语言风格来写、把握什么样的学术规范、写到什么样的程度，等等。唯有如此，才能进一步提高学术文章的质量与中稿率。

上述五个方面，谈了多思考"什么"的问题，也兼论了多思考的技巧问题，但还不是学术研究的思维方法问题。学术研究思维方法问题，在后文中再具体阐释。

总之，多思考，不但要多思考理论与学术观点本身，更应当多思考这之外的东西。但仅仅明白了上述问题也还不够，只有在学习过程中真正从上述方面时时加以认真的思考，才能由学术研究的"门外汉"迅速步入学术研究的殿堂。即便日后成了学术研究的行家里手，也还是要在上述五个方面的多思考上不断下苦工夫的，否则学术研究就像逆水行舟，不进反退。

上述笔者体会的多学习和多思考的道理，光懂得而不自己身体力行是没有用的。傅佩荣先生解读孔子"学而不思则罔，思而不学则殆"时有一段话，对于我们多学习、多思考非常有益，录于此以飨诸君："所以学跟思配合，这一切要落在力行实践上，你光是学跟思，你不去做是没用的。很多时候书上写的东西，要你亲自做了以后，才知道他到底在写什么，他为什么这么写，就如人饮水，冷暖自知。你念书求学问就好像每一个人自己喝水一样，冷暖只有自己知道，光是看别人说这个冷，这个暖，那没用的，你要自己去体会，才知道各种滋味。"[1]

笔者也深刻地体会到，由多学习和多思考而迅速步入学术研究的殿堂，就像喝水一样，冷暖必须自己去体会。

三、多写作

多学习与多思考，笔者认为是迅速通往学术研究殿堂的重要路径，但光多学和多思而不多写，永远也不能真正进入学术研究的殿堂。

记得十余年前笔者在一本书上看到了一句话，出处已经不记得了，后

---

[1] 傅佩荣：《论语300讲（上）》，中华书局，2011年版，第67~68页。

来多番查阅也没有查到，但这句话对笔者影响非常大，大致是："你要想真正弄懂一个问题，那就写书吧"。也就是从此开始，笔者求学问的生涯不再满足于学习和思考，而是开始多写书、多写文章了。十余年下来，笔者学术文章发表了数十篇，独著与合著出版了多部著作，参与了十余部军事学教材的撰写。研究生们问笔者成功的秘诀，笔者将这句话改造了一下送给他们："你要想真正弄懂一个问题，那就写文章吧"。写书对于学生而言或许太难了，而且他们也不具备许多条件。对于普通高校军事教师来说，从事学术研究，则既要写文章，更要写书。把上述理解结合起来，想告诉诸君一个道理："你要想真正弄懂一个问题，那就写文章吧，写书吧！"

多写作，是迅速步入学术研究殿堂的第三个路径，当然，这也是最重要的路径。

多写什么呢？笔者体会可以在以下四个方面多下工夫。

一是多写读书心得体会。读完一本好书后，理解了书中的理论与观点，也深入思考了，似乎已经学懂了、学好了，实际上并没有真正懂得。笔者从教至今已经20余年，在教学与科研中有一个深刻的体会，看懂了，思考明白了，其实还没有真正明白。如果能够把学习到的和自己思考过的东西给学生讲明白了，对于知识和理论的理解就会上到一个更高的层次。然而这还是一知半解的明白。许多老师可能都有一个同感，能够在课堂上讲得头头是道的人，未必就能够写出好的文章来。为什么呢？原因还是没有真正弄明白。所以笔者的体会是，如果能够把所学和所思写明白，那才是真正的明白了。所以，我们要真正弄懂一个问题、一个理论，不妨在读书与思考之后，动手写点心得体会，通过多写心得体会，从而使自己真正明白。关键是，读书心得体会写多了，写作能力也随之提高，就会为我们撰写学术文章打下了良好的基础。

二是多写博客、QQ日志或微信公众号文章。我们常为写的东西没有地方发表、没有人欣赏而发愁，而博客、QQ日志和微信公众号为我们提供了很好的解决途径。其实多写作锻炼自己的写作能力，除了写读书心得体会，还可以多在这些平台上写一些文章。不管写点什么，写多了，都能够提高自己的思辨与写作能力。尤其是可以利用网络这个媒体，多写一些学术方面的博客、QQ日志和微信公众号文章，写得多了，不但能够拥有不少的"粉丝"，也可以真正在写作能力上得到极大的锻炼。

三是多写文献综述报告。一般而言，硕士与博士研究生在学位论文开题之前，按要求是要写一两份高质量的文献综述报告的，文献综述报告质量不过关，许多学校是不允许研究生开题的。对于从事学术研究的老师而言，也应当多写文献综述报告。

但许多人不愿意写文献综述报告。一是因为没有地方发表，没有动力写；二是忙于教学与研究，没有时间写。而笔者的体会则是一定要强迫自己经常撰写文献综述报告，其好处是多方面的：

第一，深化认识。为学术研究而进行的大量文献阅读，如果仅仅是看了、想了，没有写出一个或多个文献综述报告，其实对相关的理论和材料并没有真正吃透，认识还没有得到深化。只有撰写了文献综述报告，认识才能得到深化。

第二，使知识系统化。我们阅读了大量的文献资料，得到了各种各样的观点和素材，但不写文献综述报告的话，获取的各种知识还是非常零散的。而零散的知识对于撰写学术文章和著作帮助并不大。只有使获取的知识按照自己学术研究的需要进一步系统化，才能对我们的研究有更大的帮助。

第三，提高学术研究的效率。一般人认为，撰写文献综述报告费时费力没有多少实际的好处。但笔者的体会则是经常撰写文献综述报告，可以提高学术研究的效率。笔者许多讲课稿、学术文章及书稿，就直接得益于之前撰写的诸多文献综述报告。这正应了一句谚语："磨刀不误砍柴功。"我们要想多出、快出高质量的学术成果，不妨多写一些文献综述报告，把自己一个阶段的所学与所思系统地整理出来，为撰写学术文章与撰写著作奠定必要的基础。

四是多写学术文章和著作。通过以上各方面的多写，让自己的写作水平有了一定的提高后，就可以着手多写学术文章了。学术文章写得多了，就可以撰写一些研究报告。在此基础上，就要进一步向多写学术著作迈进了。

当然，上述四个方面的多写作，虽然有阶段的划分，但并没有明显的界限。时间充裕时，可以多写书和学术文章；时间较少时，可以写些读书心得和博客、QQ日志和微信公众号文章。哪怕是每天写几条语言流畅、有哲理品位和思想品位的微博，那也是非常有益的。

总之，只有多写作，才能使自己的写作能力得到提高，才能多出高质量的学术研究成果。

多写作，还要解决"如何多写"的问题。

因为许多人总是说自己太忙了，没有时间多写作，所以一年忙到底，几乎没有学术研究成果。而笔者的体会则是忙并不是理由，越闲越出不了成果，越忙反而越能够多出成果。所以我们应当告诫自己："不因太忙而不写"。时间只要肯挤，总是有的，"忙"并不是不多写的借口。也有许多人说自己不会，所以没有学术成果。而笔者的体会则是越是不会的问题，越是值得研究。自己会别人也会的问题，还值得费力去研究吗？所以"不会"也不是不多写作的借口。我们应当告诫自己："不因不会而不写"。学问之道就在于探索未知。

但真正要做到越是忙越要多写，越是不会越要多写，还是非常难的。笔者前些年曾经写了一篇博客文章《"踮脚跟"定律与理论创新》，也许可以对读者诸君有所帮助。这篇博文是这样写的：

《创新思维训练》一书中讲了一个"踮脚跟"定律：何谓"踮脚跟"定律呢？许多人可能都有在平坦的空地上看表演的经历，一边是艺术家们精彩的表演，一边是成千上万的观众站着观看。由于观众的身高大致上都差不多，后边的观众的视线就会被前面的观众挡住，看不清前边的表演。这时候，场中的一位观众忽然脑筋一转，踮起自己的脚跟，于是这位观众顿时比别人高出半头，能够看清前面的表演了。但是如果其他的观众纷纷效仿他踮起脚跟的话，情况会怎样呢？结论当然很简单：如果大家都踮起脚跟的话，如同大家都没有踮脚跟。有无此经历的人，都不难揣摩出其中的道理：只有首先踮起脚跟的人才能从这项创意中获得益处，而跟着别人踮脚跟的人，已经没有多少意义了。这就是所谓的"踮脚跟"定律。

这一定律无疑是适用于人类社会的许多领域的，对理论创新工作也当然不无启发。从事理论研究工作，就如同许多人站在平地上看演出一样，说到底是要看清事物运动的本质规律和如何从事各项工作的指导规律，在探索的过程中先转变脑筋，才可能先于他人领悟到新的本质和规律，先于他人找到新的解决问题的思路和办法，正所谓"先悟者明，先悟者利"。而后悟者的探索和发现，好比踮脚跟一样，实际上已经没有太大的价值。因此，我们在探索"物理"和"事理"的真谛时，是应当从"踮脚跟"定律之中感悟些东西来指导我们的创新思维活动的。理论创新活动方式方法千差万别，然而就其本质而言它是一种创新思维活动，其要义有三：一是快，二是新，三是好。只有又快又好且新的理论创新思维结果，才真正对实践具有指导意义。因此，我们在理论创新的探索中，要敢于打破陈旧的观念，率先树立新观念；要敢于质疑现有的成果，率先提出新见解；要敢于走别人没有走过的路子，率先开辟新的研究领域；要敢于在别人的研究基础之上，率先深化和拓展新的理论增长点；还要敢于在别人都公认的真理认识上，率先突破一点点……总之，从事理论创新，时刻要告诫自己努力做第一个"踮脚跟"的人，做第一个看得更清、看得更远、看得更深的人。

如何使自己成为第一个"踮脚跟"的人呢？

首先是要思维方式创新。如果不从新的方法、新的路径等方面去考虑如何看清前面的表演，那么也绝对不可能灵机一动地想出"踮脚跟"这样的应急措施。其实创新或创造，关键取决于我们头脑的思维方式，因为思维方式决定着我们思考问题的逻辑程序、运行路线和思考结果，如果沿着一条思维路线和逻辑程序走到底，可能会像在封闭胡同里打转无论如何也转不出去，当然就找不到解决问题的办法和思路。但是如果思考一个问题，能够从多个逻辑线路出发，运用多种理论指导，运用多种思维方法与技巧进行思维，那么可能就会思考出许许多多的办法，得出多种结论，然后从这些办法和结论中进一步进行合理性与不合理性的分析，确立一个比较明晰的思维路径，最终会得出切实有效的解决方案或创造性结论。

其次是要养成一种习惯——"现在就去做"。如果光有许多好的想法和思路，不马上行动去做，其实也不可能做第一个"踮脚跟"的人。大家都可能有这样的体会：自己平时抓住了许多新的问题，也有一些资料积累，但就是由于忙或一时的懒惰而没有动脑筋仔细思考，更没有动手写成文章，结果某一天就从报纸或杂志上看到了自己抓住的问题，别人已经抢先发表了高见。只好后悔叹息：我为什么不早点动脑动手呢？

事实上，这样的经历，作为学者绝对不会是偶尔经历一两次，您可能经常会有这样的感叹和后悔。那么为什么不现在就去做呢？心理学家兼哲学家威廉·詹姆士说过："种下行动就会收获习惯；种下习惯便会收获性格；种下性格便会收获命运。"可见行动会养成习惯，习惯又会影响性格，性格最终决定了你的命运。如果您一有新问题、新想法，千万要告诫自己："现在就去做"，久而久之，就会发现理论创新其实并不难，只要记住和实践两点：第一，常抓问题，常变思路，努力做第一个"踮脚跟"的人；第二，有了问题和想法，"现在就去做"。

这篇博客文章，就是笔者经常克服自己"太忙"和"不会"这样的借口时有感而写的。

笔者相信每个人都有懒惰的天性，但要在学术研究领域有大的作为，还真需要下苦工夫克服这一不良天性，养成良好的多学习、多思考、多写作的好习惯。种下了好的习惯，就会有所收获。从这个意义上来说，迅速步入学术研究殿堂的路径，其实也就是不断养成良好的多学习、多思考、多写作的好习惯。

[思考题]
1. 如何迅速学习和掌握从事学术研究的专业知识？
2. 从事学术研究为什么需要有广博的知识面？
3. 如何养成良好的学习和思考习惯？
4. 如何做到在学术研究中多写作？
5. 快速步入学术研究的殿堂有哪些基本路径？

第三讲 如何抓准问题和研究？
——普通高等学校军事教师科研"三部曲"

[导 读]如何抓准问题和进行研究，是普通高校军事教师学术研究中必须把握的问题。一般而言，学术研究有三个基本的环节：提出问题、提出假设、研究论证。这三个基本环节都非常重要，但也非常难以把握，然而也并非没有规律可循。这三个基本环节，构成了学术研究的"三部曲"。把握好这"三部曲"，就可以在学术研究领域中自由驰骋了。

普通高校军事教师从事科研，一般而言可分为两个方面：一方面是自己撰写学术文章、研究报告或学术著作；另一方面，就是还要指导大学生撰写学术文章、读书心得体会，一部分老师还要指导研究生撰写学术文章和学位论文。尽管教师自己研究的内容和指导学生研究的内容千差万别，但归结起来，无非就是如何把握提出问题、提出假设和进行具体的研究论证的问题。许多著作中都对这三个问题有比较好的论述，多阅读并加以借鉴运用，有益于我们搞好学术研究。

在本专题中，主要结合笔者长期从事军事学术研究和指导研究生的心得体会，就提出问题、提出假设、研究论证这三部曲，谈一些实用的技巧，而不深入涉及相关的理论问题。

一、提出问题

提出问题，包括两个方面：一是能够发现和提出学术问题，二是要概括出问题的实质。这是学术研究"三部曲"中的第一个环节。

首先谈如何发现和提出学术问题。

提出问题是进行学术研究的起点。如果提不出问题，尤其是提不出有价值的学术问题，就没有办法进一步展开研究和动手撰写学术文章。这个道理，大家都是明白的，但是许多人不善于提出问题。许多学生和老师经常向笔者请教，并要求我给他们出个题目写篇文章。我都告诉他们："问题必须自己提出和找准，别人是没有办法给你出'作文命题'的。"著名诺贝尔物理学奖获得者美籍华人李政道博士有句名言："做学问，需学问。只学答，非学问。"意思就是说，做学问的人首先和最重要的是要会提出问题，不会提出问题就不是做学问。

普通高校军事教师搞学术研究，要么是观察国防教育和国防建设及军事斗争中的现实问题而提出问题，要么是通过学习，在一些理论研究成果中发现需要深入研究的问题。总之，只有提出了问题，我们才能进行研究。这是我们研究的起点，没有问题或概括不出问题，就没有办法研究。如何发现和提出学术问题呢？

第一，要善于从重大决策和政策导向中抓问题。2011年10月召开的党的十七届六中全会的最大亮点，是首次直接以文化体制改革、推进文化发展繁荣作为主题，把"建文化强国"作为全会的主题。中央军委2012年1月下发了《中央军委关于大力发展先进军事文化的意见》。江苏省提出的八大战略工程中就有一个文化建设工程。从这些重大决策和政策导向中，结合我们的国防教育工作，笔者认为，我们当加强军事文化、国防文化、战略文化方面的研究。笔者2012年3月转业前用了五天时间写了一篇《加强先进军事文化建设促进战斗力生成模式转变的战略思考》的文章，共1.8万字，发表在《中国军事科学》2012年第6期。这个研究选题，就是从当时党中央、中央军委的重大决策和政策导向中提出来。因此，从事国防教育的老师和学生，应当高度关注党中央和各级政府的重大决策和政策导向，从中提出自己应当研究的问题。

第二，善于从刊物、报纸等的社论、导向性文章中抓问题。大家看报纸时，会经常发现有一些社论。看杂志时，会发现有篇首语、征文启示，杂志每年最后一期或当年的第一期有本刊研究方向的说明，这些内容大家一定要高度关注，因为它往往预示了许多值得研究的重大问题。例如2003年《中国军事科学》杂志篇首语中就强调要加强党的军事指导理论研究。笔者认为这是一个重要导向，于是就写了一系列关于党的军事指导理论方面的文章，有的收入书稿，有的发表在军事学核心期刊上。报纸和杂志上的许多文章，也具有研究方向的导向性。所以我们学习和阅读时，要注意琢磨我们应当研究的问题和方向是什么。一般而言，当前报纸和杂志上大量发表的相同话题的学术文章，实际上就是当前和今后一定时期内的重点研究方向和选题依据，只要善于琢磨，提出自己的研究选题是不难的。

第三，善于从重大现实问题中抓问题。理论研究不仅是要提出新的理论问题和得出成果，也需要关注现实问题和提出解决的对策。所以研究选题的重要来源之一，就是现实问题尤其是重大现实问题。例如近年来的朝鲜核问题、海洋安全问题、韩国部署"萨德"反导系统、印军越界事件、中美贸易战等现实问题，会引出来许多大家关心但又迷惑的问题，其影响和对策值得我们深入研究，也需要我们在讲军事理论课中予以回答。

第四，善于从理论研究的不足中抓问题。我们在学习研究过程中，不但要接受新的知识和观点，同时也要敢于质疑别人的研究是否正确、是否深入和系统，是否解决了问题等，从而提出我们的研究选题。

在学术研究方面善于质疑非常重要，小疑有小收获，大疑则有大收获。例如笔者指导的一名军事学硕士研究生，其学位论文《孙子兵法战略文化研究》选题的提出，是因为2004年深圳《孙子兵法》国际研讨会的主题就是《孙子兵法》与战略文化，除了吴如嵩先生谈了以战略文化为龙头推动《孙子兵法》研究进入更高的层次外，大多数文章和《孙子兵法》战略文化没有直接关系，而且论文集笔者看完了，也没有明白《孙子兵法》战略文化的理论体系和内容究竟是什么。此后若干年中，理论界对《孙子兵法》战略文化的研究也没有大的突破。为了弥补这一空白，笔者建议学生的学位论文研究撰写《孙子兵法战略文化研究》，这篇学位论文被评为学校优秀学位论文。以这篇论文为主体扩充了一些内容后，我们于2012年出版了专著《孙子兵法战略文化研究》。这部著作，在2017年的第三届《孙子兵法》研究成果评奖中，获得了提名奖。所以各位老师选择研究课题时，不一定总是选择别人没有研究过的问题，也可以从深化已经有的理论成果出发来选择要研究的问题。

第五，善于从现有观点的悖论及思维倾向中抓问题。我们看到的现有理论观点、决策主张和思维倾向，不一定是正确的，也不一定是最好的策略，所以我们可以从悖论中选择研究的问题。例如，2018年4月教育部出台了教思政（〔2018〕1号文件），这个文件要求加强大中小学国家安全教育，开设不同学段的国家安全教育课程。由于该文件是教育部思政司发的文件，所以许多老师认为，普通高校的国家安全教育课程，必定是由思政教师来开设，相关研究也应当主要是由思政教师来开展，即将建立的"国家安全学"这个一级学科，也应当属于"大思政"的范畴。这些认识，虽然有道理，但并不完全正确。"国家安全学"这个一级学科，如同国防教育学学科一样，也有多重学科属性，各个学科专业的老师都可以研究国家安全学的理论和现实问题。普通高校的军事教师，当然也可以从事国家安全理论研究和开设国家安全公共必修课程和通识课程的。从悖论中来提出问题，我们发现，普通高校军事教师完全可以从国家安全理论的建构中，找到许多值得研究的课题。

在现实中及许多理论观点中，还有许多悖论问题，如果我们善于从与别人相反的观点或视角来看问题，也可以找到大量值得研究的选题。

从他人的思维倾向中也可以提出研究选题，即可以从别人的思维倾向或观点的隐喻中顺藤摸瓜来思考和选择值得研究的问题。21世纪初，《解放军报》发表了一些关于我军大力加强军事变革的文章，有的人论述了意义、紧迫性等问题，然后有人就发表文章谈借鉴别国经验发挥我们的后发优势的文章，又有人写文章告诫我们发挥后发优势要警惕路径依赖的问题。笔者就问研究生们在军事变革问题上还可不可以找到研究的问题。大家回答说基本上写完了，找不到研究的突破点。笔者就写了一篇小文章，一周后在军报发表了。笔者的论述题目是《打破群体性思维怪圈》。这个选题是怎么来的呢？笔者循着其他作者的思路继续深入思考，思考为什么会产生路径依赖，关键是学习别人经验发挥后发优势时，容易陷入群体性思维怪圈，所以就提出了这个问题。那是否就没有继续研究的可能性呢？仔细分析还是有的。因为笔者只是讲了警惕群体性思维怪圈、如何才能避免和打破群体性思维怪圈的基本问题，还有许多问题，文章中并没有深入论述。如果大家有兴趣，可以从思维科学和战略思维理论的角度写出一系列的文章甚至是专著来。

第六，善于通过直觉判断抓问题。有时我们看问题是凭借直觉的，这是我们选择研究的问题的重要方法。笔者以前指导的一个军校硕士研究生，她挑选了许多硕士学位论文选题，我们探讨后都放弃了。后来笔者给她定了一个选题：《体系化军事思维方式构建研究》，开题会上专家们都不同意，但笔者坚持学生要研究这个选题，笔者认为现在的信息化战争是体系对抗，我军的战斗力建设也要求提高军队的体系作战能力，难道我们的军事思维方式不该向体系化思维方式这个方向转变吗？笔者认为，这是一个非常有价值的学位论文选题。后来这篇学位论文也被评为学校的优秀硕士学位论文。这个学生后来接着攻读笔者原来军校的军队政治工作学博士学位，学位论文开题时也是专家们否定了她的多个选题。后来笔者帮助她定了一个选题：《我军军事文化交流与传播研究》。军队政治工作学博导们多数都极力反对，因为当时军队还没有提出研究军事文化的问题，而且大家也怀疑这是不是军队政治工作学的研究选题。我坚持让学生研究这个选题，结果后来也评上了学院优秀博士论文。而且她毕业后，军队政治工作学科的老师们都一拥而上研究军事文化问题了，原因倒不是因为学生的这篇博士学位论文，而是军委提出了要加强先进军事文化建设的重大决策，所以许多专业方向的学者们都把军事文化研究当作自己学科专业的分内之事了。他们后来问笔者为什么能够提前几年选择了这样的方向和选题，笔者的回答还是"直觉"。所以，各位老师和学生，要相信自己的直觉。有时我们跟着直觉走，然后深入研究探索，往往会有意想不到的学术收获。

第七，善于运用发散思维来挑选研究选题。这可能是我们最应当重视的选题方法。做法就是把本来看似不相关的问题、没有联系的概念、方法或者理论观点，随意进行联想和组合，然后产生出新问题或新概念，也就是把不同的问题、概念和方法普遍联系起来，然后组合出许多问题。把所有可能产生的问题汇集起来，通过直觉和经验判断，剔除一些明显没有价值的和不可能研究的问题，留下一些有新意的问题，然后查阅资料、征求专家意见，并进行文献分析，进一步论证问题的研究价值。如果问题可行且有价值，就可以确定为科研的选题。

例如："思维""道德""国防""春天""夏季"，随便列出的这几个概念，读者可运用发散思维想想看是否可以抓住一些值得研究的问题？如高校军事教师国防教育思维方法、大学生国防思维品质构成、道德品质对大学生国防素质的影响、夏季征兵的可行性必要性分析、普通高校做好夏季征兵工作的对策思考、春天应当加强学生道德意识教育、高校春天国防教育第二课堂活动的特点与作用、国家国防道德品质初探……如果善于运用发散思维，我们可以把许多看似不相干的问题和研究方法进行联想组合，完全可以提出许多值得深入研究的学术问题。

第八，要善于结合实际工作来提出问题。普通高校军事教师从事国防教育工作，在工作中会面临许多疑惑，也会有许多思考。凡是我们疑惑的问题和思考的问题，大多数都是值得研究的学术选题。例如学科建设、教材建设、课程建设、师资队伍培养、军训工作的经验教训，等等。只要善于把具体工作和学术研究结合起来，总是可以找到大量值得研究的问题。

上述八个方面，只是笔者的一部分感受和心得而已，诸君在提出研究选题时，可以结合自己的实际加以参考借鉴。

其次是要谈谈如何概括问题的本质。

提出问题后能够科学准确地概括问题的实质或者说本质，也是非常重要的。因为许多人能够提出问题，抓的问题也比较新颖、有价值，但是概括不出问题的本质，也没有办法入手进行深入研究。简单地说，提出了问题或科研选题，还只是定了研究的方向，而不是具体的论文题目。如果概括不出问题的本质，确定不了一个准确的论文题目，也没有办法开展研究和论文写作。笔者认为应当着重把握以下方法：

第一，要善于从现象和矛盾中概括问题的本质。我们在现实中往往会看到许多现象及矛盾，如果不善于抓住问题的本质，就提炼不出研究的问题。例如撰写本书时，笔者就思考了一些问题，为什么现在普通高校军事教师有的是专职的，有的是兼职的？为什么有的学校有国防教育学院，有的没有？为什么有的学校军事教研室挂靠在体育部，有的挂靠在学校机关或人武部？为什么有的学校国防生、士官生教学管理是学校武装部和国防教育学院统管，有的却是分散管理？这些都是客观现象，要研究这些问题，恐怕仅仅从现象入手是没有办法研究的，起码研究成果是低层次的，没有决策建议方面的价值。所以笔者深入分析了这些现象和矛盾背后的深层次问题，概括出其本质，实际上是一个高校国防教育运行模式混乱和不科学的问题。因此我们应当认真研究"普通高校国防教育运行模式"这一问题。概括出了这一本质问题，才抓住了上述大量现象和矛盾的实质，才算是有价值的科研选题。

第二，要善于从事件和现象的发展脉络中深入挖掘问题的本质。许多现实问题或现象背后，都有复杂的发展脉络。例如，我国普通高等学校的学生军训问题，近年来不断有深化学生军训改革和取消"劳民伤财"的学生军训的争论。在新时代到底是要深化学生军训改革，还是取消学生军训呢？这就需要分析其复杂的发展脉络，把握这个争论的本质。

普通高等学校开展学生军训，是青年学生依法履行兵役义务的一种形式，1955年就写入了《兵役法》。我国首部《兵役法》第55条明确规定："高等学校的学生，应当在学校内受军事训练。"现行《兵役法》第43条明确规定:"高等院校的学生在就学期间,必须接受基本军事训练。"第44条明确规定:"高等院校设军事训练机构,配备军事教员,组织实施学生的军事训练。"现行《国防教育法》明确规定:"高等学校、高级中学及相当于高级中学的学校应当将课堂教学与军事训练相结合,对学生进行国防教育。"按照国家相关政策文件不断深化普通高等学校学生军训,也是高校深入开展学生军训工作的重要任务和依据。国办发〔2001〕48号文件明确要求:"各普通高等学校和高级中学要把学生军训作为学校教育工作的一项重要内容,科学制定计划,严密组织实施,确保学生军训工作的落实。"国办发〔2017〕76号文件明确要求:"坚持把军事技能训练和军事理论教学作为普通高等学校学生的必修课程……提高学生综合国防素质。"教体艺〔2002〕7号文件(《普通高等学校军事课教学大纲》)明确规定:"军事课程是普通高等学校本、专科学生的一门必修课。"强调按照《大纲》的要求,"认真做好学生军事训练与军事理论课的教学工作,切实保障学生军事训练和军事理论课的时间、内容和要求的落实"。2007年9月起在全国普通高等学校施行的《普通高等学校军事课教学大纲》明确要求:"军事课(含军事理论课教学和军事技能训练)列入普通高等学校的教学计划,考试成绩记入学生档案,学校应当按照本《大纲》组织实施军事课教学,严格考勤考核制度。"从上述法规和相关文件精神来看,普通高等学校学生军训工作具有"法定"属性和政策强制性,普通高等学校必须切实增强法律意识、责任意识,依法依规依纲抓好学生军训工作的末端落实。从这个意义上讲,学生军训工作是普通高等学校依法治教治训的重要工作和依据,只能加强,不能削弱。只能深化创新,不能停滞不前。另外,兵多难养,兵少难卫。这是古今中外国防和军队建设的一个共性难题。建设精干的常备军与建设强大的国防后备力量相结合,是世界各国解决这一难题的共性做法。1949年以来,党和政府高度重视后备力量建设,从倡导全民皆兵,到实施全民国防教育和普遍开展普通高等学校学生军训,都是建设国防后备力量的重要举措。普通高等学校学生军事训练是国防后备力量建设的一项基础性、长远性、战略性工作,对于培养高素质的国防后备人才,从根本上加强国防后备力量建设具有深远意义。当前,随着新一轮军队调整改革,大学生士兵比例逐年增高,大学生群体已成为国防后备力量最重要的来源。国办发〔2017〕76号文件明确强调:"全面提高学生军训质量效益,充分发挥学生军训综合育人功能,为国家人才培养战略实施和国防后备力量建设做出重要贡献。"因此,普通高等学校学生军训作为青年学生履行兵役义务的一种形式,作为储备高素质后备兵员的重要手段,是加强国防后备力量建设和实现强军目标的必然选择。了解了我国普通高等学校学生军训工作发展的基本脉络,就不难揭示深化学生军训和取消学生军训这个问题的本质,是对学生军训的综合育人功能认识不到位、对学生军训的战略意义认识不到位。把握了问题的实质,就可以概括出一系列的值得研究的学术论文题目,如果概括不出问题的实质,就没有办法确定科研选题。

第三,要善于从多理论、多视角认识问题的本质。目前普通高校军事教师普遍感到评职称难,发表文章的学术阵地少,管理和运行模式复杂多样,如果单纯从军事教育角度没有办法解释,单纯从教育理论方面也难以说清楚。笔者长期思考这些问题,有一个看法就是导致这些问题的重要原因有二,一是国防教育学学科没有建立,二是国防教育学学科的归属问题没有解决。比如说要建立国防教育学学科,这个学科到底归属教育学,还是归属于军事学,目前学术界和决策层没有统一的看法,但是多数意见认为应当是归属于教育学。但笔者认为国防教育学学科应当具有教育学和军事学的双重学科属性。因为它既不是单纯的普通教育问题,也不是简单的军事教育在高校的普及问题,而是适应高校和社会国防教育需求,既要综合育人,又要达到提高全民国防意识、国防行为能力的战略目标。所以国防教育学学科应当有双重学科属性。如果抓住了这个问题的本质,笔者认为,我们研究国防教育学理论体系和学科建设问题,就比较容易抓住有价值的研究选题。例如高校老师普遍认为军事问题不是我们国防教育工作者应当研究的问题,许多领导也这么认为,但如果透彻分析了国防教育学学科属性这个本源性问题的本质,我们可以理所当然地认为,普通高校军事教师可以把军事领域中大多数我们能够研究的问题,都纳入国防教育学学科的科研选题之中来进行研究,这就拓宽了我们的研究领域和选题范围,否则我们容易在探讨师资队伍建设、课程建设、授课方法与艺术等小问题和小圈子中打转。尽管这些问题也是非常重要的,但近年来普通高校的军事教师、研究生论文选题多数都跳不出这些选题范围,限制了我们的视野,也迟滞了国防教育学学科理论的发展创新。

笔者从军校转业进入普通高校从事国防教育工作后,给自己确立了几个大的研究方向:国防文化、军事文化、战略文化、海洋安全、《孙子兵法》、军事谋略等。这些领域的所有问题,无论是与军事斗争结合来研究,还是结合高校国防教育及各种社会教育培训来研究,都具有理论价值和实际应用价值。这些领域的问题,是我们普通高校军事教师可以发挥特长的,并不是军校教师和军队科研工作者的专门研究领域。我们如果善于用多种理论和多种视角来抓住问题和看出问题的本质,可以说这些领域中的各种问题,在我们有限的教学科研生涯中根本研究不完。

第四,要善于运用灵感思维发现问题的本质。有时我们对问题本质的深刻把握,好像是没有什么道理的,完全是灵感的作用。笔者研究思维科学和战略思维理论,就非常相信和重视灵感思维问题。笔者曾应邀为《滨州学院学报》写一篇概括《孙子兵法》军事思想体系的文章,这确实是一个不小的挑战。因为概括《孙子兵法》军事思想体系的文章和书籍太多了,要写出新意实在不容易。但经过思索后,笔者突然有了灵感——《孙子兵法》的核心和本质是论述如何取胜的理论,于是确定了《"胜"解〈孙子兵法〉军事思想体系》这个题目,与编辑沟通后,他们认为非常好。于是我进一步研究了大量相关材料,把孙子的"胜"的思想概括为21个方面,从"胜"这个视角,比较完整地诠释了《孙子兵法》的军事思想体系问题。

学术研究具有继承性、借鉴性、实用性、学术性等特性,学术性是最根本的特性。由学术性这一根本特性又可以派生出三个二级特性:"指向的探索性、方法的抽象性和内容的创新性"。[1] 因此,学术研究并不仅仅是对工作的总结和重大现实问题的思考,更是研究者运用智慧的"心智"的创造。所以善于运用灵感思维,是学术研究中概括问题本质和找准选题的重要途径,普通高校军事教师要搞好学术研究,要特别重视灵感思维能力的培养和运用。

上述四个方面,在谈如何提出问题基础上,进一步谈了如何概括问题本质进而确定论文选题或题目的问题。这虽属笔者个人经验之谈,但对诸君也一定有启发和借鉴意义。

二、提出假设

著名学者胡适先生在"五四"运动时期曾经提出了"大胆假设、小心

---

[1] 马金生:《军事学术论文写作方法与技巧》,海潮出版社,2004年版,第5页。

求证"的治学方法，具有深远的影响。搞学术研究，发现问题和抓住问题的本质还只是第一步，是研究的起点。接下来的一步，就是提出科学假设。因为搞任何研究，提出问题不是目的，解决问题才是目的。学术研究就是要根据问题提出一系列的理论观点，这就是人们常说的科学假设。研究活动就是寻找证据来证明假设是否成立，不成立则修正假设，然后再进行论证。因此，提出假设，是学术研究"三部曲"中的第二个重要环节。

针对选题提出的假设是对研究结果的推测，或者说是对课题中涉及的变量之间的相互关系的设想，是一种带有方向性的、有待检验的学术思想，因而假设要满足一些必备的条件。一些学者认为假设需要满足五个条件：一是概念明确；二是能被经验检验；三是假设使用范围有所界定；四是与有效观测技术相联系；五是与一般理论相关联。[①] 这五个方面的条件，是在国防教育学术研究选题中提出假设必须要满足的条件。除了学者们提出的这五个条件之外，笔者认为提出假设还需要把握以下五个方面的问题。

第一，假设应当以陈述的方式说明。假设应当毫不含糊地叙述，而不能采用提问的方式表述。例如要研究军事理论课教师的军事学术素养与大学生国防素质的关系问题，如果用提问的方式表述假设："大学生国防素质与军事理论课教师军事学术素养有关系吗？"这等于没有提出假设，于研究无实际意义。正确的表述方式应当是用陈述句表述："大学生国防素质与军事理论课教师军事学术素养有（无）关系"，或者是："在XX情况下，大学生国防素质与军事理论课教师军事学术素养有（无）关系"。这样的假设，就有了明确的学术思想，研究的过程和论文的撰写，就是检验和论证自己的假设。

第二，假设应当说明两个或多个变量之间的关系，但具体到每个假设中，则只能陈述两个变量之间的关系。例如"大学生国防素质与军事理论课教师军事学术素养、授课艺术有关系"，这一具体的假设涉及三个变量的相互关系，因而这一假设就是不明确的，应当分别提出几个假设并分别表述。这一假设至少可以分为两个假设："大学生国防素质与军事理论课教师军事学术素养有关系"，"大学生国防素质与军事理论课教师军授课艺术有关系"。

第三，假设应当准确、简洁，不用比喻性、夸张性的语言。由于假设

[①] 袁方：《社会研究方法教程》，北京大学出版社，1997年版，第123~124页。

是提出学术思想和观点,因而一定要用学术性的语言和概念,用肯定或否定判断,做到准确。在准确的前提下,要尽量做到简洁,能用一句话就不用两句话;能用一个词,就不用两个词。同时,假设即学术观点的表述,不宜用比喻和夸张等修辞方法,应尽量用平实、准确的陈述方式表述。比如:"大学生国防素质与军事理论课教师前无古人、后无来者的超一流的军事学术素养有关系",这一假设就既不准确,也不简洁,修辞方式也不当,不如前面的表述简洁和准确。

第四,假设应当有备选假设可供选择。一般而言,大到课题,小到课题中的多数假设,都应当有备选假设。备选假设一般是与基本假设不同或者完全对立的可供选择的假设。提出多种备选假设有助于研究者开拓思路,从而增加接受多种事实的可能性。如果只有一种假设,就可能使研究者陷于固执和偏见而不能自拔。正如有的国外学者所言:"当你只和唯一的假设打交道时,你就会像对待独生子一样恋恋不舍,那是无论如何不会同意把它抛弃掉的。"[①] 因此,研究者应当善于运用不同的理论和方法,从不同的视角,甚至是运用逆向思维,对同一个问题或观点,提出不同的假设。当对基本假设的求证走不通时,就需要考虑求证备选假设。而且国防教育学和军事学理论研究中,创新思想往往是来自于逆向思维、发散思维提出的假设。

第五,运用多种方法大胆假设。胡适所倡导的"大胆假设,小心求证"的治学方法,首要的关键是"大胆"。"假设产生的来源主要有两种,一种是观察,一种是演绎……查阅文献和实地考察也是提出假设的重要方法……由于它们不是相同的概念范畴,因此不宜将实地考察、查阅文献与观察、演绎完全并列起来。"[②] 这一观点具有普遍性的意义。对于国防教育研究者来说,我们的选题及学术观点,既来自对国防教育活动和现象的观察,也可用已有知识和理论演绎出新的研究选题和学术观点。例如"受过军训的大学生比没有受过军训的大学生国防意识强",这一假设显然来自于观察和经验;"运用学习动机理论可以提高大学生军事理论课学习热情",这一假设显然是运用教育学和心理学的学习动机理论通过抽象思维演绎出来的新假设。因此,国防教育学研究者无论是选择课题还是对选定

[①] 瓦尔沙夫斯基:《科学工作者应如何组织自己的劳动》,科学技术文献出版社,1980年版,第57页。

[②] 阎学通、孙学峰:《国际关系研究实用方法》,人民出版社,2001年版,第94~95页。

课题提出假设，都应当注意观察国防教育活动和各种现象，要善于不断学习新理论和新知识，只有从观察和演绎思维中才能把握研究选题和假设。

查阅文献和实地考察，既是提出假设的来源，也是重要的方法。因为无论是解决"是什么""为什么"，还是"怎么办"的问题，我们都需要大量查阅现有文献，梳理已有学术观点，甚至要深入国防教育实际工作中去调查问题及解决问题的办法。因此，查阅文献和实地考察既是提出假设的重要来源，也是重要的方法。尤其是我们思考出一些学术观点和解决问题的办法，是否可行，是否具有创新性，都需要通过查阅大量的文献资料进行分析，甚至需要通过实地考察的方式来检验和修正自己的假设。如果假设已经被人提出和证明了，或者自己的假设与检验的结果不一致，就需要在查阅文献和实地考察的基础上，提出新的假设。如果掩盖原有假设的不真实性，就会导致研究方向和结论的错误。敢于和善于否定自己原有的假设，往往是创新和接近真理的必然途径。

另外还需要指出的是，前面提到的如何抓住研究选题，我们提出了有价值的选题后，也是需要查阅大量的文献资料甚至包括运用专家访谈、实地调查和问卷调查等方法，综合分析后才能确定是否把选择的问题作为科研选题来进行研究。

上述五个方面是关于如何提出科研假设的方法问题，在学术研究中综合加以运用，对于迅速提出学术论文选题中的大量学术观点，是非常有帮助的。

三、研究论证

在学术研究中，提出问题、提出假设之后，就是进一步深入研究论证了，因此可以说研究论证是科研"三部曲"的第三个环节。当然，提出问题和提出假设也需要研究论证，缺乏必要的研究和论证是难以提出问题和一系列假设的。前面两个环节中所谈的方法技巧，实际上也是研究论证的方法技巧。但提出问题和提出假设之后的研究论证更为重要。能否写出高质量的学术研究成果，关键就在于这一阶段的研究论证上。对研究论证什么，如何研究论证，必须有正确的认识。

第一，研究论证选题的价值和可行性。

通过运用前面讲述的方法技巧提出了科研选题后，必须进一步研究论证选题的价值和可行性问题，否则一定不要动手写作，不研究论证就开始写作，会非常吃力且劳而无功，学术文章发表不了；即便发表了，也没有什么学术价值。

　　研究论证选题的价值，一是看选题有没有学术价值。基本的方法是通过大量的文献阅读与分析，判断自己的选题是否填补了学科的理论空白、是否开辟了新研究领域、是否对已有理论提出了有价值的质疑、是否对已有研究成果进行深化或系统化、是否能够给别人继续深入研究相关问题提供理论或方法指导等。如果符合了这几个方面的判断标准之一，应该可以说选题就具有一定的学术价值。如果一条判断标准都不符合，选题肯定没有任何学术价值。没有学术价值的选题，不值得研究，也不必费力去研究。二是看选题有没有实践价值。基本的方法是通过文献分析、问卷调查、专家访谈等方法的综合运用，深入思考选题是否能从理论上回答和解决热点问题、难点问题，是否能够为解决热点问题、难点问题提供对策，是否能够为今后的工作提供思路和解决的办法等。符合了这几个方面的判断标准之一的选题，应当说就具有一定的实践价值，值得进一步深入研究。如果不符合其中的任何一个判断标准，这样的选题就没有实践价值，没有必要费力去进行研究。

　　研究论证选题的价值，主要是解决值不值得写的问题。研究论证选题的可行性，则是要解决能不能写得了的问题。许多值得研究的选题，并非人人能够研究，因为这与个人的知识结构、工作经验、学术研究能力及写作能力有关。研究论证选题的可行性，就是要结合自身特点，在论证选题的研究价值和评估自身的研究能力之间找到一个恰当的平衡点。找这个平衡点的方法很多，有的通过直觉判断就能够确定自己是否写得了，有的则要根据自己的知识结构来取舍，有的则要与自己的工作经历及经验相结合，有的则要根据学术研究任务的时间来取舍……如果时间足够，虽然自己知识结构不合理，但通过学习能够弥补，这类选题还是能够继续研究的。如果时间较紧张，没有时间通过学习来改善知识结构，这样的选题就应当果断放弃。如果是工作经验的问题，如果吸取间接经验能够研究的选题，也是可以研究的。但是如果是缺乏必要的工作经历就难以研究的选题，则必须放弃。如果是因为自身的学术研究能力和写作能力的问题，由于短时间内这方面的能力难有较大的提高，应当把这方面的选题作为努力的目标，以后逐步具备了相应研究的能力和写作能力后，可以继续尝试去研究。总之，在学术研究上，一定要研究有学术价值和实践价值的问题，研究自己能够研究的问题，这两个方面必须紧密结合。

第二，研究论证选题发表的可能性。

既有价值，自己又能够研究的问题，是否就一定要研究呢？未必！许多写得很好的学术文章之所以不能发表，不是文章本身的质量问题，而是不符合需求的问题。撰写学术文章的一个重要目的是要发表，一方面是要把自己的研究转化为被承认的学术成果，另一方面是为切实解决理论或实践问题服务。如果不能做到有的放矢，选题就必然具有极大的盲目性。所以学术文章是否有发表的可能性，这也是动手写作之前必须研究论证的。研究论证的基本方法有以下四点：

一是了解学术研究动态。如前面提到的学术研究的导向、征文、现实问题与热点问题的牵引等，研究这方面的选题就可以提高命中率。

二是了解选题是否有人研究过。通过查阅文献，判断选题是否已经有人发表过，别人没有发表过的选题，自己可以放心地将其作为研究的选题。

三是了解别人研究到什么程度。有的选题非常好，但通过查阅文献发现已经有不少的研究成果了，这样的选题就可以放弃。如果想进一步研究，就必须通过文献阅读分析，充分了解别人的研究成果研究到了什么程度，运用了什么方法，还有什么不足等。如果找准了这方面的问题，自己有把握用新的方法或从新的视角研究，或者有把握取得新的突破，或者能够自成一家之言，这样的选题也是值得继续研究的。

四是判断选题大小与难易程度。通过上述三分方面的分析论证后确定了选题值得研究也能够研究，往往在动手写作时还会感到力不从心。原因主要是选题太大或太难，所以还需要进一步研究论证选题的大小和难易程度。问题过大，没有办法驾驭，应当进一步把问题分解，使选题大小适中。如果问题太难，没有办法上手，则应当思考如何使选题难易适度，要运用自己熟悉的方法和知识去解决问题。通过这四个方面的研究论证，就可以对选题研究后的成果能否发表基本上做到心中有数了。

第三，研究论证选题的提纲。

前面讲了提出问题并概括问题的本质、分析选题价值与可行性、提出一系列的假设，似乎已经完成了论文纲目的设计，其实不然。确定了选题和围绕选题提出了一系列的假设，还远未获得一个可以动手写作的提纲。因此，还需要进一步研究论证提纲，为动手写作论文奠定基础。拿出了好的提纲，等于成功了一半，所以下工夫研究论证提纲是非常重要的。许多人简单列个提纲就动手写作，写得越多，反而越陷入了进退两难的境地。

如何研究论证提纲呢？笔者的体会是要把握以下两个方面的问题：

一是运用筛选法研究论证提纲的观点是否有学术价值或实践价值。确定了有研究价值的学术研究选题后，需要进一步做的第一项工作，就是要研究论证提纲的观点是否有学术价值或实践价值。一般而言，在阅读文献和进行文献分析的基础上，提出了有价值的科研选题，并围绕选题从文献分析中列出了许多学术观点，结合自己的理解思考又提出了大量的学术假设后，再运用筛选法，进一步筛选适合的学术观点和假设来列出学术文章的提纲。没有提纲，只搜集和罗列了一大堆学术观点和提出了诸多假设，还没有办法开始写作。围绕选题筛选了观点和假设后，必须进一步通过查阅资料，或征求专家意见、进行问卷调查等方式，研究论证筛选的学术观点和提出的假设对于选题来说是否有学术价值或实践价值，只选择有价值的学术观点和假设作为学术文章的提纲内容。经过了多轮认真的筛选后，围绕选题所需要的有价值的学术观点和假设就基本上可以确定了。

二是运用逻辑分析法研究论证所选择的学术观点和假设的内在逻辑性进一步完善提纲。好的学术论文提纲，并不是大量学术观点和学术假设的简单堆积，而是有内在逻辑性的。如果不研究论证所选择学术观点和假设的内在的逻辑性，所列论文提纲不但不能给自己的写作提供明晰的写作思路，而且也难以以逻辑的力量把所论学术问题说清楚、说明白。关于学术文章提纲的内在逻辑性，许多类型的文章是有规律可循的。如解决问题类的文章，其提纲的内在逻辑一般是：存在什么问题、产生问题的原因及分析、对策思考；理论探讨性文章提纲的内在逻辑性一般是：提出理论的背景及意义、理论的内容与特点、理论研究的方法、理论的作用及运用建议；学术争鸣文章提纲的内在逻辑一般是：争鸣的问题及观点综述、自己的学术观点和依据、解决了什么问题及有待进一步研究的问题及思路。如果平时阅读学术文章过程中注意分析学术文章纲目的内在逻辑，是不难把握各种类型学术文章提纲组织的内在逻辑性的，善于学习和借鉴，就可以学会运用不同的逻辑思路来分析和论证自己学术文章提纲的内在逻辑性是否合理。

但是有的学术文章，难以通过借鉴来把握提纲的内在逻辑性，需要作者认真分析研究自己提出的学术观点和假设在理论上的内在逻辑性来解决这一问题。如前面提到的笔者撰写《"胜"解孙子兵法军事思想体系》一文，笔者筛选了21个孙子关于"胜"的思想，既不可能写21个大问题，也不可能按照一般的提纲逻辑来构思论文框架。笔者通过研究大量资料，认真分析了孙子战略思想体系的内在逻辑性，提出了自己关于孙子"胜"的军事思想体系可以分为"胜"的运筹、"胜"的方法、"胜"的境界三个有机组成部分的看法，然后把诸多孙子关于"胜"的思想分别归入这三个方面，每一方面由诸多"胜"的思想组成，并在每一个方面中，又梳理了各种"胜"的思想的内在理论关联，从而比较好地解决了本文提纲的内在逻辑问题。笔者研究这一问题，搜集资料和提炼观点大概用了三天时间，研究论证提纲花了三天时间，撰写和修改花了四天时间，一篇将近2万字的学术文章，总共用了十天时间即完成。由此不难理解，学术研究和撰写学术文章，大量时间是用来阅读材料、提出问题和观点、假设以及构思论文提纲，至于写作成文，则是有了认真细致的研究后，水到渠成的事。因此，在研究方面，需要比写作下更多的苦工夫。

上述三个方面，谈了研究论证的问题，主要是动手撰写学术文章之前，研究论证什么和如何研究论证的问题。许多人不了解撰写学术文章之前的研究论证的重要性和方法，以为撰写学术文章就是找个好题目、列个好提纲，然后就可以动手写作并出高质量的学术成果，结果走了不少的弯路。当然，具体写作过程中更需要深入的、严谨的研究论证，而且写作过程中的研究论证更为重要，如果把握不好，就写不出高质量的学术文章、研究报告和学术著作，可谓是前功尽弃。这方面的具体的研究论证方法与要求，将在后文中进一步介绍。

综上所述，提出问题、提出假设和研究论证，是学术研究的"三部曲"，各位军事教师从事学术研究，应当特别重视这个完整的过程。这个过程，尤如"十月怀胎一朝分娩"，没有"十月怀胎"的艰辛，哪有"一朝分娩"的幸福和收获？

[思考题]
1. 如何提出有价值的学术研究选题？
2. 如何提出学术研究的科学假设？
3. 如何构思学术论文框架和提炼学术观点？
4. 学术研究"三部曲"相互之间是什么关系？

第四讲　有没有普适性的学术研究方法？
——普通高等学校军事教师常用学术研究方法

[导　读] 不同的学科有不同的研究方法，研究不同的问题也必须运用不同的研究方法。普通高校军事教师从事学术研究，运用的方法也是各式各样的，尽量多掌握学术研究方法并能够熟练运用，无疑是多出学术成果出高质量学术成果的重要保证。在众多学术研究方法中，有没有普适性的学术研究方法呢？回答是肯定的。对于普通高校军事教师而言，文献分析方法、问卷调查与专家访谈方法、抽象上升到具体方法则是最为通用的学术研究方法，应当予以正确把握和熟练运用。

普通高校军事教师从事国防教育学术研究，其学术研究方法是教育科学研究方法和军事科学研究方法的有机融合。"教育科学研究方法就是探索、发现、揭示教育科学规律性知识以解决教育（学）问题，有目的、有计划、有系统地构建教育科学理论的一整套思维方式和行为规则的总和。"[1] 可见，教育科学研究方法是一个复杂的方法体系。军事科学研究方法，是探索、发现、揭示军事科学规律，并使之成为系统化的理性认识的一整套思维方式和行为规则的总和，同样也是一个复杂的方法体系，"它虽然可以分为两个方面：一是各种普适性科学方法在军事科学研究中的运用，一是军事科研本身的诸多专用方法。然而在军事科研的实际活动中，所有这些方法是很难分得开的。往往相互渗透、相互作用而相得益彰"[2]。普通高校军事教师在国防教育学术研究活动中，既需要把教育科学和军事科学的普适性研究方法熟练运用，也需要吸收和运用各种当代科学研究方法，但首先是要运用普适性的学术研究方法。孔子说："工欲善其事，必

---

[1] 杨晓萍：《教育科学研究方法》，西南师范大学出版社，2006年版，第5页。
[2] 郑文翰：《军事科学概论》，军事科学出版社，2005年版，第112页。

先利其器。"(《论语·卫灵公》)对于国防教育学术研究而言,"利其器"首先就是要采用科学、适用、简便的研究方法,也就是教育科学和军事科学共用的普适性研究方法。以笔者的经验体会而言,我们必须掌握和运用的普适性研究方法主要是文献分析方法、问卷调查与专家访谈方法、抽象上升到具体的方法。

一、文献分析方法及应用

所谓文献分析方法,也叫文献法,"是对文献进行查阅、分析、整理,从而找出事物本质规律性的一种研究方法。文献法有广义和狭义之分。广义的文献法既包括定性研究,也包括定量研究。狭义的文献法仅仅指定性研究"。[①] 文献分析方法是国防教育学术研究的基本方法,它贯穿于国防教育学术研究的全过程,是各种方法使用过程中的基础性方法,它不仅仅是一种简单的搜集资料的方法,也不仅仅是为别的方法服务,它本身也是一种独立的研究方法,既包括资料的搜集、整理和分析,也包括对这些资料的鉴别、评价并得出结论。正确使用文献分析方法,是普通高校军事教师从事国防教育学术研究的基本功,要高效地进行学术研究,应当下功夫学习教育科学和军事科学研究中文献分析方法的作用、特点和具体的运用方法。在此基础上,在国防教育学术研究中应用文献分析方法,还应当把握以下四个方面的问题:

第一,运用多种手段及时全面地搜集学术研究需要的文献资料。从事学术研究,离不开对文献的阅读与分析,因此及时、全面地搜集学术研究所需要的文献资料非常重要。我们所处的时代与老一辈学术研究者相比有很大的不同,就是我们搜集文献资料的手段越来越丰富多样。以往搜集文献资料的手段,主要是到图书馆查阅图书、杂志和报纸,到档案馆查阅历史文献。保存资料的手段主要是摘录、复印、剪报和制作资料卡片等。虽然这些老方法依然比较实用,但我们应当结合当代信息技术,学会用新的手段来搜集和保存文献资料。

一是通过网络检索文献资料。现在网络搜索技术越来越发达,需要的

[①] 李丽芳:《教育科学研究方法》,河北人民出版社,2005年版,第53页。

图书、杂志和报纸，基本上都可以通过互联网搜索来获取。只不过有的搜索下载服务需要付费，但与购买图书和报刊资料相比，还是比较经济实惠的。有些图书馆尤其是高校的图书馆，为内部人员提供了免费下载服务，需要的文献资料，基本上都能够比较方便地找到并下载。因此，应当学会并运用网络检索文献资料，及时全面地掌握各种需要的文献资料。

二是利用视频资料获取最新信息。图书、报刊等文献资料，往往具有一定的滞后性。关于政治、经济、军事、国防及热点问题的最新信息，往往是电视和网络视频中才有。这些视频节目，几乎在第一时间就透露了相关的信息及专家的观点，通过搜集和观看电视、网络等媒体的视频资料，就可以及时地获取最新的信息。如果需要，还可以用"维棠"和"央视影音"等视频下载软件下载视频予以保存。根据自己的需要，还可以通过观看下载的视频资料中专家对问题的分析和学术观点，为自己的学术研究积累更具时效性的素材。

三是征求专家和网民意见搜集文献资料。学术研究的文献资料，不仅仅是指图书、报刊、光盘、视频等文献资料，还包括专家的学术观点、治学经验等智力因素。因此，全面搜集学术研究的文献资料，还可以通过请教专家和做专家访谈来获取这方面的文献资料。另外，网民对许多问题的看法，也能够为我们的学术研究提供丰富的学术观点和素材。因此，可以进行网络调查来获取网民对一些事件和学术问题的看法。还可以利用百度文库等平台，通过上传自己的资料来换取其他网民提供的自己所需要的文献资料。

总之，学术研究必须建立在广泛的文献资料搜集基础上。搜集文献资料不仅是研究具体问题时的工作，也是平时应当花费大量精力去做的工作。只有及时全面地搜集文献资料，才能为学术研究工作提供丰富的研究材料。如果到需要时再去搜集文献资料，就谈不上及时了。

第二，运用多种方法分析判断文献的价值。通过运用上述方法获取的各种文献资料，对于自己的学术研究是否有价值，需要我们运用多种方法来进一步做出分析判断。

一是按图索骥进一步搜集更有价值的文献资料。我们在阅读分析文献时，会看到文献中有大量的注释及参考文献。也许作者在引用文献资料论述自己的观点时存在误读、以偏概全等问题，所以这些文献资料不一定是对自己最有价值的文献资料。因此，我们应当根据这些文献提供的注释和参考文献等信息，进一步搜集相关的文献资料，从中找到我们真正需要的文献资料。

二是运用矛盾分析法判断文献的价值。我们在研究分析文献资料时，会发现一个有趣的现象，即同样的学术观点，会有不同的文献资料做支撑，运用同样的文献资料，得出的学术观点也可能不完全相同甚至相互矛盾。这就需要我们运用矛盾分析方法，从矛盾产生的根源、各自的依据、立论的目的与内在逻辑等方面，综合正确判断文献的学术价值和实践价值，尤其是要正确判断文献对于自身研究选题的应用价值。准确的、权威的、受到质疑较少的文献是我们学术研究的主要材料，而不够准确、不够权威和受到质疑较多的文献资料，应用价值相对较低，但也并非没有价值，它可以从反面为我们的学术研究提供参考。

三是运用对比分析方法鉴别文献的价值。通过专家访谈获取的学术观点、治学经验等方面的文献，往往受到专家学术视野、个人偏向等影响而具有一定的局限性，甚至专家的观点会相互矛盾。这就需要我们运用对比分析方法，将各方面的意见和看法进行对比分析，选择对我们的学术研究最有价值的意见作为学术研究的参考；通过网络论坛、百度文库、百度百科、搜搜百科、维基百科、互动百科等平台搜集到的文献资料，未必准确，也需要我们运用对比分析方法，进一步判断文献的准确性和应用价值。只有充分运用了对比分析方法对搜集的文献进行了准确性、真伪性等方面的价值判断，才能放心大胆地用这些文献为我们的学术研究服务。

第三，通过科学的文献分析确定学术研究选题、学术观点和论据。许多人研究学术问题，不以文献研究为基础，确定选题主要靠"拍脑袋"，确定学术观点也靠"拍脑袋"，论证观点还靠"拍脑袋"，因而选题没有学术价值、观点没有学术价值、论据也没有依据。要解决这些问题，必须运用多种方法，通过科学分析文献来提出有价值的科研选题和学术观点及论据。

一是运用对比分析方法确定有价值的选题。"拍脑袋"确定研究选题，往往是一些学术研究者容易犯的通病，解决这个问题，一定要运用对比分析方法。正如前面的专题中所讲到的，学术研究选题是否有价值，是否可行，主要是基于文献研究，通过大量的文献阅读与分析，对比各种研究成果的已有结论、研究程度、研究方法与视角等问题，才可能找到和确定自己能够研究且又有价值的学术研究选题。如果不对文献进行对比分析，既找不到有价值的研究选题，甚至还可能得出违背规律的学术观点。例如在军事学术领域有一个"武器是决定战争胜负的重要因素，人才是决定性因素"的规律性认识，但是关于这个问题，不同时期有不同的悖论，诸如"坦克制胜论""飞机制胜论""核武器制胜论""高技术制胜论"，等等。许多人看了这些论点后，自然就会提出类似"隐形武器制胜""无人机制胜"等研究选题。如果能够把所有有关技术和武器装备与人的作用关系的文献资料进行对比分析，我们就会发现，在任何时代，"武器是重要因素，人是决定因素"这一基本的辩证原理是不会变的，变化的只是武器装备和人的因素发生作用的方式方法变了，科学技术对人的素质要求变了。因此，每当有新的科学技术突破和装备了新的武器装备后，提出"XX新技术和XX新武器制胜论"的选题显然都是伪命题，而研究新技术新装备对战争的影响及人的素质变化，以及人和武器装备如何结合发挥作用的方式方法等方面的选题，则永远都是常讲常新而且有较高学术价值和应用价值的研究选题。

二是运用演绎思维方法得出有价值的学术观点。"拍脑袋"提出学术观点，不能说完全不可取。因为"拍脑袋"往往就是灵感思维的结果，但是提出有价值的学术观点，不能光靠"拍脑袋"，而要建立在文献研究的基础上，靠运用演绎思维方法来获取。演绎思维与归纳思维的思维路径正好相反。归纳思维是阅读文献时，尽可能把与自己学术选题有关的观点和论据归纳整理出来，演绎思维则是要在归纳的基础上，运用已有知识和经验，创造性地提出新的学术观点。研究文献资料时，仅仅运用归纳思维方法远远不够，许多人把别人的观点借鉴过来，组成一个新的"拼盘"，然后用新的材料作为论据来进行论证，以为这就是学术研究，其实顶多只是"新瓶子装老酒"，哪里有学术创新呢？所以在研究文献材料的基础上，一定要充分运用演绎思维方法，提炼出新的学术观点。学术研究的价值，主要取决于学术观点的创新。演绎不出新的学术观点，就应当放弃选题，或者继续深入研究文献资料，直到能够演绎出新的学术观点，才能动手撰写学术文章。

三是运用归纳思维方法获取支撑学术观点的论据。确定了有价值的学术研究选题，提出了许多有价值的学术观点，但许多人依然把学术文章写得一团糟，或者让人看不明白，或者让人对其学术观点产生大量的疑问。

原因是什么呢？其中的一个重要原因，恐怕就是作者"拍脑袋"选择论证观点的论据。表象是论据自身有问题，实质则是作者文献分析方法有问题。一方面，没有通过文献的阅读分析，归纳和梳理可以作为自己学术文章的论据；另一方面，是运用了演绎思维，把搜集的文献资料加以自己主观的演绎，把演绎后的观点作为了论据。笔者的体会是，撰写学术论文，学术观点一定是自己的，不能抄袭别人的学术观点，这就需要我们通过文献阅读与分析，运用演绎思维方法提出自己的学术观点，而论述自己学术观点的论据，则不能仅靠演绎思维来臆想和伪造，论据一定要出自可靠的文献资料，通过文献阅读与分析，运用归纳思维把可用的论据整理归类，并有选择地运用。文献中的事实材料和别人的学术观点，可以作为自己的论据使用，但一定要准确、客观和符合学术规范，不能抄袭。

第四，运用文献分析迅速构建"以问题为中心"的知识体系和话语系统。按学科来学习专业理论知识，实际上只是一个打牢学术研究基础的过程，还难以直接运用这些知识来研究问题。诸位在工作和学术研究过程中可能常常有这样的疑惑——学习了许多学科的理论，但就是不会搞研究，或者说研究问题时总是感觉知识不够用，想表达的意思表达不出来。这是为什么呢？笔者的体会是你一定没有学会"以问题为中心"的方法来构建知识体系，没有建立起与要研究的问题相关的话语系统。因为我们研究问题时，一般只用到与这个问题直接或间接相关的知识和理论。而我们围绕学科理论体系学习到的知识，如果没有系统化，零散的知识和零散地获取知识，对于我们研究问题并没有太大帮助。而且没有建立起与所研究的问题相适应的话语系统，学术观点也没有办法表达出来。所以笔者建议读者要围绕自己要研究的问题，搜集大量的相关资料，集中对比阅读，迅速扩充关于这个问题的若干个"知识圈"，迅速建立起相应的话语系统，从而迅速找到研究这个问题的路子，奠定必要的知识基础及话语系统。

例如，普通高校军事教师上军事理论课时讲毛泽东人民战争思想，学生甚至我们自己都会产生许多疑问：毛泽东人民战争思想在信息化战争时代还管用吗？还要不要继承和坚持毛泽东人民战争思想？在信息化战争时代如何发展毛泽东人民战争思想？要得到令人信服的答案，笔者建议大家就应当以"人民战争"这个问题为中心来构建知识体系和话语系统，并深入思考这个问题。

笔者在研究上述问题时，把人民战争理论分解细化：

1. 马恩列斯关于人民战争的经典论述
2. 毛泽东人民战争思想基本原理
3. 毛泽东人民战争战略战术
4. 人民战争思想的历史发展和历史运用
5. 人民战争的组织形式及发展
6. 人民战争中人与武器装备的作用变化
7. 人民战争面临什么新的挑战
8. 人民战争理论与总体战理论有何区别
9. 信息化战争和人民战争是否能够高度统一
10. 不同历史时期人民战争有何不同的历史命运

……

围绕这些内容，笔者查阅了大量书籍和学术文章，归纳出了关于上述问题的一系列学术观点，并且通过演绎思维，对每一个问题又进一步提出了许多自己的学术观点，在此基础上创作了一些研究文章深化了自己对人民战争思想的认识。如果各位老师能够在学习和研究过程中，也以"人民战争"这一问题为中心，通过文献分析归纳并演绎出大量的学术观点，建立了阐述和回答人民战争问题的话语系统，那么，在课堂上回答学生的提问时，在学术研究中探索人民战争理论问题时，就会越来越得心应手。

总之，文献分析方法是普通高校军事教师从事学术研究必用的基础性研究方法，获取学术研究的必备知识、建立相应的话语系统、提出学术研究选题、提出学术观点和选择论据，都建立在文献搜集、阅读与分析基础之上，其他科学研究方法的运用，也建立在掌握这一研究方法的基础之上。从这个意义上讲，文献分析方法是我们必须首先学会和运用的普适性的学术研究方法。

二、问卷调查与专家访谈方法及应用

调查法是许多学科领域学术研究都通用的重要方法。调查法指研究者有目的、有计划、有系统地搜集、了解有关研究对象状况的材料，从而发现问题、探索规律，寻求对策的一种研究方法。问卷调查法和专家访谈法是最为常用的调查法。

"问卷调查是指调查者根据研究目的，运用统一设计的问卷向被调查者了解情况或者征询意见。一般是研究者事先设计编制好书面的问卷，交给被调查者进行填写做答，然后进行回收整理研究。"访谈调查，"这是一种调查者通过与调查对象面对面的谈话来直接收集材料的方法。它以口头回答的形式来了解某人、某事、某种行为和某种态度"。[①] 当然，在信息技术高度发达的今天，问卷调查和访谈调查是可以通过网络来进行的。这两种调查法一般都需要结合使用，因此这里将其作为国防教育学术研究普适性研究方法提出来一起探讨，为普通高校军事教师和国防教育研究生运用问卷调查法与专家访谈法进行学术研究，提供一些参考。在学习和掌握了这两种调查法的基本程序和要求基础上，笔者认为在应用中还应当分别把握以下一些问题。

首先是关于问卷调查法的运用。

笔者在指导研究生过程中，通过分析学生设计和使用问卷调查的情况，概括了以下五方面的问题，值得引起注意。

第一，拟定好问卷标题和说明。调查问卷一般包括问卷标题、说明（引言或导语）、注释、问卷本文和结束语等组成。一份调查问卷，首先进入被调查者视野的就是问卷标题和说明。但问卷设计者往往容易忽视这两个问题。一般而言，问卷标题既可以直接用研究课题的题目，也可以是研究课题中的某个方面的问题。但不管用什么标题，问卷标题都要简洁、准确，尤其是要能够反映出研究课题的性质和研究意义。标题如果不简洁准确，难以反映研究课题的性质与研究意义，不容易引起被调查者的共鸣。例如："成教生国防教育调查问卷"和"普教生国防教育调查问卷"这两个调查问卷的标题，虽然非常简洁，但不够准确，没有反映出课题的研究性质与研究意义，让人很难准确定位这两个调查问卷究竟是为研究什么问题服务的。如果标题改成类似"成教生国防意识培养调查问卷""普教生国防教育中军事科技学习兴趣学习动机调查问卷"，就是相对明确了，算比较好的问卷标题。

---

① 杨玲：《教育研究方法基础》，河海大学出版社，2007年版，第96页。

说明虽然只有短短数行字，其作用却不可忽视。"说明可以是一封告调查对象的信，也可以是指导语，说明这个调查的目的意义、填答问卷的要求和注意事项，下面同时署上调查单位名称和年月。问卷的说明十分必要，被调查者明白了调查的目的，就会给予支持和配合。"① 说明中除了明确调查的目的与意义，还应当有保密措施等内容，否则难以取得被调查者的积极配合，甚至被调查者由于担心泄露个人隐私和观点对自己产生不利影响，会刻意隐瞒自己的真实观点，从而影响到调查结论的客观性。因此，拟定好问卷标题和说明，实为一份好的调查问卷的"门面"，是设计调查问卷必须首先关注和解决好的问题。

第二，把握问卷的问题类型和覆盖面。问卷题的类型一般有封闭式问题、开放式问题和综合式问题三种类型。

封闭式问题，即定案型问题，研究者提出问题并给出若干种答案，请回答者从答案中进行选择。封闭式问题是设计问卷时较多采用的问题类型，主要是研究者想通过一系列设定的问题和答案，通过回答者的选择，了解被调查者对相关问题的倾向性意见。封闭式问题又有多种形式：

1. 是非式。问题中只有事先提供的"是"和"否"两种完全相反的答案，回答者必须选择其一。例如：

您认为普通高校专职军事教师是否应该有到部队代职的经历？
是（ ）否（ ）

2. 排序式。需要回答者按照一定的依据给答案排序的问题。例如：

影响大学生军事训练效果的因素是多方面的，请您按照影响程度把下列因素依次编号：（ ）军训内容；（ ）军训时间长短；（ ）教官军事技能素质；（ ）教官训练方法；（ ）学生的态度；（ ）其他

3. 选择式。每个问题后列出多个答案，让回答者选择，数量可限，也可不限。例如：

---

① 延静：《调查技能与分析》，清华大学出版社，2006年版，第25页。

您平时通过哪些渠道学习和了解军事高技术知识？（请在所选项目的序号上划圈）A. 阅读军事书籍　B. 阅读军事技术类杂志　C. 收看有关电视节目　D. 看学校发的军事课教材　E. 科技书刊

4. 等级式。备选答案由具有等级意义的词汇、线段或数字形式构成的问题。例如：

您觉得当前我国对公民的国防知识普及（　）。A. 很差　B. 较差　C. 一般　D. 较好　E. 很好

开放式问题，即不定案型、自由答题式问题，问卷设计者事先没有列出答案，由回答者自由作答的问题形式。开放式问题，主要用于一些难以预料回答结果或探索性的问题上。例如：

您认为影响民办大学不够重视大学生军事理论课教学的因素有哪些？（请根据自己的看法简要列出）

综合式问题，即半定案型问题，形式一般以封闭式为主，根据需要加上一些开放式问题。有些问题，问卷设计者还没有想全，或者答案全部列出比较繁琐，或者需要留有一定余地让回答者补充，因此在选择答案中列有"其他"这一栏。例如：

您认为军事教师提高军事理论课授课效果的措施主要有哪些？（请在所选项目的序号上划圈，还有其他看法请填入其他一栏）A. 阅读大量军事书籍；B. 认真备课；C. 多播放视频资料；D. 讲课通俗生动；E. 多互动；F. 其他____

问卷设计，应当以封闭式问题为主，开放式问题为辅，综合式问题不宜过多。但无论怎样选择问题类型，基本的原则是应当根据调查目的而定，问题要能够覆盖所研究课题涉及的基本信息、倾向性意见和对策建议，能够充分满足课题研究的需要。如果问卷的问题不能涵盖研究课题涉及的事实材料、存在的问题和产生的原因、学术观点与对策建议等方面，

仅仅是把问卷调查作为一种增加课题研究可信度的形式，还不如不运用问卷调查这种研究方法。

还需要注意的是，整个问卷题目的排序也非常重要，一般的原则是：问题的排序应有内在的逻辑性，如按照时间顺序、空间顺序、问题的性质或内容、功能等排序；问题安排顺序应当先易后难；封闭型问题放在前面，需要思考的问题放在中间，开放型问题放在后面。[①] 让回答者从较容易回答的问题开始回答，逐步过渡到较难的问题和较容易引起回答者兴趣的问题，这样的问题排序方式易于让被调查者与研究者之间建立融洽的沟通，从而乐于认真回答问卷中的各种问题，甚至会让研究者收获到超越问卷的额外价值，有利于研究者的学术研究。

第三，问卷题目数量和难易程度要适当。一些学生告诉笔者，他们在回收问卷时发现一个普遍性的问题，许多问卷回答者没有回答完全部问题，这部分问卷也就成了无效问卷。究其原因，主要是问题数量过多或问题太难。如果问题太多，在半小时内答不完，许多人就不愿意再回答了。如果问题太难，回答者通过直觉判断或简单的思考回答不了，也就没有兴趣继续回答了。所以在设计问卷时，三种类型的问题组合，题目总数一般20多个或30多个，这样的问卷问题数量就比较适中。如果超过这个限度，题目太多，不仅自己设计问题不易，回答者答题也费力。但如果题目太少，也没有办法涵盖研究课题需要的内容。笔者评阅了一些学位论文，发现他们的问卷大概只有10~12个问题，这显然太少了。问题难易程度适中也是非常重要的。一般而言，接受问卷调查者都不是专业人士，没有办法回答太难的问题，要么只回答一些容易的问题，要么就是胡乱选择答案，对研究者的研究问题造成误导。因此，在问题难度把握上，应当尽量让回答者可以凭借直觉、经验和非专业知识就能够回答完所有问题为宜。笔者在评阅一些国防教育研究生论文时，曾试着回答了几份调查问卷，通过查阅资料和网络搜索，费了不少功夫才回答完问题，这样的调查问卷，显然就太难了。须知被调查者一般是在不查阅资料情况下来回答的，有兴趣回答问题的时间一般也就在半小时左右，所以问题设计从数量到难度，都应当把握适中原则。

---

① 延静：《调查技能与分析》，清华大学出版社，2006年版，第23~27页；杨玲：《教育研究方法基础》，河海大学出版社，2007年版，第101~103页。

第四,切忌把调查问卷设计成试卷。笔者评阅学位论文时,发现许多作者把问卷设计成了国防知识题、军事理论题、军事高技术题以及主观题、客观题等多种类型,简直就是一张军事理论或国防知识的综合考试卷。并且笔者长期从事军事理论和国防教育教学与研究,不查阅相关资料,也根本没有办法考试及格。这种问卷,不仅仅是题目太难的问题,而是偏离了问卷调查的目的。

一般而言,做问卷调查的目的是研究者想了解他人对事实的看法、对存在问题及原因的看法、对研究课题的一系列学术假设的看法,并通过问卷调查,让他人补充自己没有想到的原因、对策思考,因而问卷绝对不能设计成试卷,而要根据自己的调查目的来科学设计,通过收集和整理问卷,找准存在问题的原因,进而提出比较有价值的学术观点和对策。如果把问卷设计成了试卷,则不可能达到上述问卷调查的目的。所以课题研究者在设计调查问卷时,要多借鉴设计得比较好的问卷,从中揣摩问卷设计的技术要领和技巧,紧紧围绕调查目的,把要了解的问题、产生的原因、影响因素、学术假设、对策思考等内容,通过不同的题目和答案巧妙融合为一份高质量的调查问卷,而不是简单地把知识性的题目融合为一张试卷。

第五,一定要对回收的问卷进行认真的分析研究。对回收的问卷进行认真统计和分析研究,比设计好问卷更为重要。一般而言,如果对于设计的问卷信心不足或感觉有明显的缺陷,但又不知道如何修改的话,可以小范围发放问卷进行调查,回收了问卷后,根据调查反馈的情况进行综合分析后,对问卷再进一步做调整和修改,使问卷更趋合理;然后对修改的问卷再印制,并通过一些必要的渠道发放问卷正式展开调查。对于回收的问卷,可以展开定性与定量的分析,既要得出比较客观的定性结论,也要得出比较客观的定量结论,并对问卷调查进行可信度分析。研究问卷调查得出的定性与定量结论,即可以作为支撑自己学术观点和假设的重要论据来使用。如果不对回收的问卷做深入的研究和分析,就失去了问卷调查的意义。

其次是关于专家访谈法的运用。

专家访谈法是学术研究的重要方法,既可以获取必要的文献资料,又可以向专家请教而获得学术思想与研究方法方面的启示。从事国防教育学术研究,应当通过书本学习学会专家访谈法的方法技巧与要领,在此基础上,笔者体会还应当把握好以下三方面的问题。

第一,拟定好访谈提纲。无论是采用直接访谈和间接访谈方式、标准化访谈和非标准化访谈方式,还是个别访谈和集体访谈方式,事先都应当拟定好访谈提纲,有了好的访谈提纲,才能提高访谈的质量和效率。一般而言,访谈提纲既可以是若干个问题,也可以是一份访谈问卷,视具体需要而定。但访谈提纲至少应当符合两个要求:一是访谈提纲必须是针对研究课题而分解和设计的问题,如果游离于课题之外,就达不到有益于课题研究的效果;二是提纲要针对专家的特点而设计,研究者应当事先通过各种渠道,充分了解要访问的专家的特点,如性别、年龄、职业、文化程度、经历、兴趣、学术专长等,根据专家的不同特点,有针对性地设计,尤其是要了解专家的学术特长,如果访谈提纲超出了专家的学术特长,这样的访谈提纲就不适合、也不实用。笔者评阅的许多研究生学位论文后附的访谈提纲,大多数都只是一个若干个问题组成的访谈提纲或一份问卷,显然没有考虑到访谈提纲的针对性问题。

第二,做好访谈记录并仔细整理研究。不论以什么样的方式实施专家访谈,都应当做好访谈记录。可以用做笔记、录音或录像等方式记录访谈内容,但一定要征求专家意见,以其同意的方式来做访谈记录。尤其是在访谈结束前,应当把记录的主要内容,特别是容易发生差错的部分给被访问专家审阅,请其复核、更正或补充。做好访谈记录,是整理和分析研究的基础。笔者曾接受过不少学生和同行的访谈。有的人不注意记录,事后又反复找笔者询问,这不但给自己和专家带来许多重复劳动,而且会错失许多有价值的思想火花。因为访谈过程中,专家的即兴发言及与访问者的思想交流会产生不一样的火花,而灵感的火花稍纵即逝,往往难以复制,所以认真记录访谈内容尤其是捕捉思想火花非常重要。好记性不如烂笔头,捕捉和记录灵感的火花,往往是取得突破性学术成果的重要前提之一。

对于访谈记录,应当花大量的精力进行整理研究。不同的专家,对于访谈提纲涉及的问题,会有不同的见解,甚至有的观点是相互矛盾的。所以必须认真加以整理,并对各种观点和意见进行深入的分析,从中筛选出对于自己课题研究有价值的学术观点和研究思路。如果不下工夫整理和研究访谈记录,就失去了做专家访谈的意义。

第三,把握好"多问"的技巧。研究者做专家访谈时,都想尽量多问一些问题,这是每个人的普遍想法和共同心理。各种研究方法书籍中关于专家访谈时的提问方式、提问技巧、插话技巧、追问技巧、讨论技巧等,都有独到的见解,研究者认真学习借鉴,在自己做专家访谈时应当灵活运用。笔者体会在这些"问"的方法和技巧之外，还应当把握以下几个方面的"多问"的技巧。

一是多问不懂的事。做专家访谈时，除了围绕提纲来提问之外，其实还可以多问一些提纲之外自己不懂的事。这不但可以融洽与被访谈者的关系，还可能有一些意想不到的收获。笔者前些年曾向一位学界前辈请教军事战略思维研究方面的问题，问了一些提纲中的专业问题后，还向他请教了如何组织学术队伍合作出书的问题。老专家给我介绍了许多经验，笔者近年来筹划和出版的多部学术著作，就是得益于他的经验。

二是多问"明白人"。一般而言，选择的专家访谈对象，当然是相关领域里的专家，对他们做专家访谈调查，是非常有益于特定学术选题的研究的。但除此之外，还应当多问"明白人"。所谓"明白人"，笔者体会就是学术界的朋友。在学术研究生涯中，多结交各方面的朋友，形成多个学术圈子，这是非常必要的。一则可以扩大交往圈子，二则可以在不同的学术圈子中经常向不同的明白人请教。至少应当建立老、中、青三个年龄段人员组成的学术圈子，研究方向可以相同，也可以互不相干。向学术界前辈多请教，可以从他们身上学习到许多治学经验，甚至可以把他们当作"活字典"，随时请教自己没有经验的问题。老年朋友可能创造性比年轻人要弱些，但他们的智慧和丰富的经验，却是我们最需要的。向学术界中年朋友多请教更是非常有益的。他们正处于最具有创造性智慧的阶段，经验与阅历也相对丰富，对学术前沿把握也往往比学术前辈和年轻人更为准确。多问这些"明白人"，可以借来一双又一双慧眼，帮我们看清学术前沿和努力的方向。多向比自己年龄小许多的学术新秀请教，也会得益不少。因为年轻人思想最活跃、最敏捷，与他们多探讨学术问题包括时下的时尚话题，我们就不会落伍。而且年轻人许多富有想象力的想法，正是我们学术研究中要紧紧抓住的灵感火花。孔子说："好学近乎知"（《礼记·中庸》），意思是说爱好学习，就接近智慧了。汉代丞相公孙弘也说："好问近乎知"，多问也能够接近智慧，能够明白事理。所以从事学术研究，不仅仅是在课题研究需要时才要做专家访谈，平时也应当多向明白人请教各种问题。

三是多问学术动态。从事学术研究，必须尽可能多掌握学术研究的动态。因此在做专家访谈时，除了请教访谈提纲中的学术问题，还应当多请教他们了解的学术研究动态，这既有助于我们今后学术研究的选题和努力方向，甚至还能够帮助我们修正、改进的研究选题和研究方向。笔者攻读博士学位时，导师想让笔者研究毛泽东大战略思想或军事战略思想方面的问题。笔者设计了相关的访谈提纲后对多位专家进行了访谈，对笔者研究毛泽东大战略思想和军事战略思想非常有启发。请教其中一位专家时，笔者觉得该了解的问题都已经了解得差不多了，就向他请教了他对当前学术研究方向的一些看法。他提醒笔者说，目前有些学者研究军事思维学，有些学者研究军事战略思维理论，他认为把军事思维研究、战略思维研究与军事战略研究交叉结合，是今后军事战略研究的重要突破方向。这位专家对这一学术研究动态的把握给了笔者启发，后来经过深思熟虑，笔者向导师建议，毛泽东军事战略理论研究成果已经非常多，毛泽东的大战略思想研究范围又太广泛，笔者想研究毛泽东军事战略思维理论，这方面的研究当时还没有起步。后来笔者的博士学位论文选题是《毛泽东军事战略思维研究》，做博士后研究时撰写的博士后研究报告是《我军高中级军官军事战略思维能力培育研究》，这两个研究选题的确定，包括后来笔者长期坚持战略思维理论研究，都得益于那次访谈时向专家请教学术研究动态问题。因此，笔者的体会是，在做专家访谈时，不妨把请教学术研究动态问题作为一个必须了解的重要问题向不同的专家多请教，或许会有意想不到的收获呢。

四是多问经验体会。做专家访谈时，顺带着向专家们多请教他们的治学经验、学习经验的体会，也是学术访谈之外特别重要的问题。笔者研究毛泽东军事战略思维理论时，向一位专家请教完相关的专业问题之后，特意向他请教了他的治学经验问题。这位专家主攻的学术研究方向是军事哲学，但他在军事思想、军事战略、军队政治工作学和国学研究领域都非常有建树。笔者请教他如何能同时在多个不同的学科领域取得那么多的学术研究成果。他告诉笔者，不同学科的理论和研究方法，实际上是可以贯通的，是可以互相启发和互为前提的。他有意识地把军事哲学研究作为研究军事思想、军事战略理论的方法论工具，军事思想与军事战略理论研究的问题和方法也大致相同，而军事思想与军事战略理论研究，又可以为军事哲学研究提供丰富的素材。国学研究积累的知识和人文素养，又是军队政治工作学和军事思想、军事战略理论研究者必须具备的重要素养。认识了这样一种关联性，在学习和研究中注重结合与相互借鉴，便可以在多个领域同时展开研究并取得成果。这位老专家的治学经验使笔者茅塞顿开。在后来的学习和学术研究中，笔者也运用他这种治学经验，同时对军事思想、军事战略理论、军事思维学及战略思维、战略文化理论、《孙子兵法》展开学习和研究，在上述诸多领域也都取得了一定的成绩。

通过专家访谈时请教他人的治学经验，笔者更深刻地理解了"他山之石，可以攻玉"的道理。一般而言，从事国防教育学术研究，不可能长期研究单一的研究方向，相反，需要我们的学术研究必须在诸多领域都要取得突破性研究成果。所以多问专家学者的治学经验，可以为我们跨学科、多方向交叉研究提供有益的借鉴。从这个意义上来讲，向专家们多请教治学经验，远比请教具体的学术问题更为重要、更为管用。

总之，运用专家访谈法，主要的目的是通过向专家们请教一系列的专业问题，从而为研究课题奠定基础。访谈的实质是多问、善问、巧问，而又不仅仅局限于问专业问题方面，还体现在问非专业问题方面。而问得有理、有利、有节则又是访谈成功的基本要求。问得有理，就是自己要有紧扣课题的访谈提纲、对提纲中的许多问题要有前期的理论准备和深入的思考、要能够和专家进行比较深入的理论对话；问得有利，就是要向真正的"明白人"请教、在访谈中要巧妙互动互相启发；问得有节，就是访谈中请教专业问题与非专业问题巧妙结合、懂得适可而止。"打破沙锅问到底"，有时未必是真理。

综上所述，问卷调查法和专家访谈法，二者各有优势，一般应当结合运用，但是有时也分开运用。纯粹的学术探索性研究，多用专家访谈法；解决现实问题，则多用问卷调查法。

三、抽象上升到具体方法及应用

从抽象上升到具体的方法，是任何科学研究和学术研究必须运用的思维方法和研究方法，因而也是国防教育研究的普适性方法。我们虽然每天思考问题时都在运用它，研究学术问题时也在运用它，但是往往是用而不觉，并没有深入研究这个方法到底是个什么样的方法，也没有体会到这一方法的重要性和运用的要领。结合学术文章研究与撰写，笔者认为，正确认识从抽象上升到具体方法的本质和运用要领，应当把握以下四个方面的问题。

第一，把握抽象上升到具体方法的本质和环节。抽象与具体的方法，同分析与综合、归纳与演绎等逻辑方法一样，也是人类思维运动不可缺少的辩证逻辑思维方法。这一方法是认识事物规律的重要思维工具，是构造科学理论体系的辩证方法之一。任何研究方法，实质上都是分析和综合的过程，是从感性具体出发，经过抽象上升到思维具体的过程。因此，运用各种学术研究方法研究问题时，都必须贯彻和体现从抽象上升到具体的方法。

什么是从抽象上升到具体的研究方法呢？它包括抽象的方法和具体的方法，以及从抽象上升到具体的中介环节。

所谓抽象的方法，就是从许多事物中，舍弃个别的、非本质的东西，把共同的、本质的东西抽取出来，以概念、判断的形式表现出来的方法。例如我们在学术研究时搜集了大量的文献资料和掌握了许多国防教育现象与事实，这些材料是我们运用抽象思维方法的感性具体材料，当我们通过阅读、分析和比较后，提炼出了相关的概念、判断，提出了学术假设并列出了提纲，这就是所谓的从感性认识上升到了思维抽象，运用的思维方法就是抽象的思维方法。学术研究及撰写学术文章的第一步，就是这种从感性具体到思维抽象。

所谓具体的方法，是指通过对许多抽象规定的辩证综合，获得关于对象的内在的各种本质属性的统一的反映，并以具体概念、范畴、规律、理论体系等方式表现出来的思维方法。学术研究及撰写学术文章的第二步，就是从上一步的思维抽象再回到思维具体。例如，我们在学术研究时列出了提纲、提出了许多学术观点，并没有真正完成学术研究，还要运用大量的学术观点和事例来进一步论证我们的学术假设和学术观点，让整篇学术文章构成一个比较完整的能够令人信服的理论体系。这一过程，就是从思维抽象上升到思维具体的过程，所运用的思维方法，就是具体的思维方法。这个论证过程中运用的大量材料及概念、判断和推理，就是所谓的中介环节或思维中介。因此可以说，从抽象上升到具体的方法，本质上是对抽象的方法和具体的方法的辩证运用。因为人类思维的行程总是从感性具体到抽象规定，再从抽象规定上升到思维具体。就学术研究和撰写学术文章而言，我们的思维活动过程首先必须经历文献和事实材料的分析，得出学术观点并列出提纲这样一个从感性具体到思维抽象的过程，然后，要运用大量的材料、观点、判断和推理这些思维中介，充分论证我们的观点，让观点丰满起来、充实起来，即由思维抽象再上升到思维具体。这个思维具体，已经不同于感性具体，而是基于各种材料和分析、推理提出的关于事物规律性的认识。

简而言之，这一方法之于学术研究，可以理解为我们分析文献资料和客观事实，得出基本的观点，再用客观事实和文献材料论证我们的观点并得出规律性的认识这样一种思维活动过程和研究论证过程。但在学术研究中科学运用这一方法，我们不能忘记马克思的告诫："从抽象上升到具体的方法，只是思维用来掌握具体并把它当作一个精神上的具体再现出来的方式。但决不是具体本身的产生过程。"① 即事物的客观规律并不是这样产生的，这只是我们研究规律并把规律性认识表述出来的一种方法而已。任何学术研究，就是这样一个探索规律和表述规律的过程，不运用从抽象上升到具体的思维方法，我们就没有办法从事学术研究。

第二，思维抽象必须以事实为根据。获得学术研究的假设和创造性地提出学术观点，是我们进一步展开论证的起点，即从普遍的存在中经过科学地抽象而得到思维上升的逻辑起点。许多人研究学术问题或现实问题，提出观点和假设不是基于客观事实而是"拍脑袋"主观臆想，违背了思维抽象必须以事实为根据的基本原则。毛泽东对如何寻找研究或思维的逻辑起点有着深刻的论述："我们是马克思主义者，马克思主义叫我们看问题不要从抽象的定义出发，而要从客观存在的事实出发，从分析这些事实中找出方针、政策、办法来。"② 这就是说，如果不从普遍存在的事实出发，而从概念、定义出发，即使这些概念与定义是正确的，我们的研究也会脱离实际，不能客观地反映事物的规律。因此，我们在学术研究过程中，提出学术假设和学术观点，都必须以客观事实和大量的可靠的文献为基础，而不能主观臆造。从这个意义上讲，文献分析、问卷调查、专家访谈等方法的运用，又是抽象思维方法运用的基础。

第三，思维具体必须有一系列有内在逻辑的中介环节。运用抽象思维方法获得了一系列观点和学术假设后，需要我们进一步论证而使思维抽象上升到思维具体，即要得出系统性的理性认识。马克思指出，从抽象上升到具体的过程中，"决不能不通过任何中介环节，而把一般的抽象形式同

---

① 马克思、恩格斯：《马克思恩格斯选集（第2卷）》，人民出版社，1966年版，第215页。
② 毛泽东：《毛泽东选集（第3卷）》，人民出版社，1991年版，第853页。

它的任何一个特殊形式混淆起来"。① 但中介环节的范畴是一环扣一环的，每个中介环节的范畴都应具有承前启后的媒介作用。上升的逻辑顺序应是逐步的，从简单到复杂，从低级到高级，而不能跳过必要的中介环节。倘若违背了这一要求，就会犯"逻辑跳跃"的错误，使抽象规定无法推演、转化。我们在撰写学术论文过程中，提出和论证的每一个观点、运用的所有论据，使用的先行范畴和后继范畴，都应当是一个比一个更为具体，前一个对后一个来说都是抽象形态，后一个对前一个来讲又都是具体形态。例如，我们在撰写学术文章中论述"是什么"和"不是什么"，然后再回答"怎样做"和"不怎样做"，在这种思维上升的逻辑链环中，从最初的抽象规定开始，每个抽象规定都作为另一个抽象规定的逻辑继续而产生，不断地从简单到复杂，从而把我们关于事物的整体联系和理论、对策思考完整地表述出来。我们在撰写学术文章的过程中，如果没有一系列有内在逻辑的中介环节的支撑，学术文章必然在逻辑上和理论上都是混乱的。好的学术文章，既要以创新的学术观点征服人，更要以逻辑的力量征服人。

第四，从抽象上升到具体既要有观点也要有材料。列宁指出："真理就是由现象、现实的一切方面的总和以及它们的（相互）关系构成的。"② 这说明在抽象上升到具体的思维过程中和学术文章论证过程中，最终达到的对事物的具体认识，必定是通过对事物许多方面的抽象所获得的认识的统一与总和，它们是关于事物的最深刻而又最有内容的知识系统，是包含了无限丰富性的具体真理而不是抽象的真理。也就是说，从抽象上升到具体，既要有鲜明的正确的观点，也要有真实的丰富的材料。好的学术文章，一定是观点和材料的有机统一。正如毛泽东所指出的："把材料和观点割断，讲材料的时候没有观点，讲观点的时候没有材料，材料和观点互不联系，这是很坏的方法。只提出一堆材料，不提出自己的观点，不说明赞成什么反对什么，这种方法更坏。"③ 因此，我们在学术研究和撰写学术文章的过程中，科学运用抽象上升到具体的思维方法，一定要做到观点和材料的有机统一，不能只堆积材料，也不能只罗列观点，要以材料支撑观

---

① 马克思、恩格斯：《马克思恩格斯全集（第26卷第1册）》，人民出版社，1972年版，第27页。
② 列宁：《哲学笔记》，人民出版社，1974年版，第210页。
③ 毛泽东：《毛泽东新闻工作文选》，新华出版社，1983年版，第205~206页。

点，以观点统率材料。

　　综上所述，文献分析方法、问卷调查与专家访谈方法、抽象上升到具体方法，是我们学术研究中最为通用的研究方法，提炼学术观点，要以文献分析、问卷调查及专家访谈获得的材料和事实为依据，论证观点也要以其为依据。文献分析、问卷调查及专家访谈获得充足的材料和事实是学术研究的基础，运用抽象上升到具体的方法，才能得出创造性的认识，并把科学的认识用论文的形式表述出来。因此，从事国防教育学术研究，应当重点掌握这三种学术研究方法，并在学术研究过程中加以灵活运用。

[思考题]
1. 学术研究中如何把握文献分析方法的运用？
2. 学术研究中如何把握问卷调查方法的运用？
3. 学术研究中如何把握专家访谈方法的运用？
4. 如何把握抽象上升到具体方法的实质和基本要求？
5. 论证学术文章观点应当把握哪些问题？

第五讲　如何写出高质量的学术文章？
——普通高等学校军事教师学术文章撰写方法

[导　读]运用各种研究方法对问题有了深入的研究后，就可以动手撰写学术文章了。如何才能撰写出高质量的学术文章呢？对于初学者和长期从事学术研究的人来说，这都是一个难以把握的问题。研究问题难，撰写学术文章其实也并不容易。研究之难，难在要从浩如烟海的文献材料和各种现象、事实中分析筛选素材和观点，并提出创见，发前人所未发之意见。写作之难，主要难在用最恰当的表述方式，使文章持之有故、言之有理、行之有成，言前人未言之言、难言之言。要做到这些，必须对学术文章的结构、品位、撰写、修改，以及撰写时应克服的问题和达到的要求等有较好的把握。对这些问题有了较好的把握，写出高质量的学术文章也就不难了。

如何才能撰写一篇高质量的学术文章，这是从事学术研究的人都非常关心的问题。笔者认为，研究学术问题有入门的路径，必须运用一定的方法，撰写学术文章同样也有基本路径和基本方法可以遵循。本部分所谈若干问题，既讲共性的问题，也谈笔者的心得体会，希望能够对从事国防教育学术研究的军事教师和学生写好学术文章有所启发。

一、学术文章的结构

一篇好的学术文章，观点是灵魂，材料是血肉，结构是骨架。观点解决的是"言之有理"的问题，材料解决的是"言之有物"的问题，结构解决的是"言之有序"的问题。一篇好的学术文章，是内容与形式的有机统一，好的形式才能反映好的内容，"言之有序"，才能进一步做到"言之有理"和"言之有物"。因此，动手撰写学术文章，首先要科学谋划文章的结构，解决"言之有序"的问题。

所谓学术文章的结构，就是论文的谋篇布局，即论文内部的组织与构架，简单地说，就是论文的骨架。搭建好文章的骨架非常重要，它是组合材料、安排内容的具体方式，是文章表达的重要手段。谋划文章的结构，应当着重把握以下三方面的问题。

第一，了解学术文章的基本结构。学术文章的基本结构，一般由题目、署名、摘要、关键词、正文、注释、结论、参考文献、作者简介及联系方式等组成。不同学术刊物对上述内容的形式要求不太一致，准备给哪个刊物写稿和投稿，应当按照那个刊物的具体要求来确定上述内容的形式与风格。上述若干方面，从整体结构上看，又可以概括为三个部分：序论部分、本论部分、结论部分。

序论部分，有的也叫引言、引论、前言、文章的开头。序论通常是以简洁的文字，说明课题研究的原因、背景、意义、研究的方法，甚至还要对文章论述的基本观点予以高度概括，为论文的主体部分的展开提供铺垫，为读者阅读全文提供一个导引。

序论部分文字量不宜过多，一般数行文字即可，但是一定要包括上述基本内容，而且要写得引人入胜。通常人们说的文章的要求是"凤头""猪肚""豹子尾"中的"凤头"，就是要求开头的序论一定要精彩和吸引人。许多人写文章时，一上来就开始论述第一个问题，缺少了必要的序论，故而让读者阅读时感觉突兀，也使自己写文章时，缺少必要的转承和自然的过渡。所以写学术文章时，应当多研究一些好的学术文章的序论，借鉴别人的写法。例如《建设海洋强国的战略思考》一文的开头：

> 在党的十八大报告中，胡锦涛同志着眼时代发展和国家战略全局，明确提出"建设海洋强国"的战略目标。这是优化我国国土空间开发格局的重要之举，是全面建设小康社会的科学抉择，充分体现了党的理论创新和实践创新，具有重大而深远的意义。笔者认为，要实现建设海洋强国的目标，需要从诸多方面入手，其中尤为重要的，就是要从理论和实践的结合上搞清楚海洋强国的科学内涵、建设海洋强国的时代动因和战略对策等基本问题。

这段不到二百字的开头，写得非常精彩简练，但却把上述关于序论的内容要求全面体现出来了。不但研究这一问题的由头、背景和意义跃然纸上，而且读者读了这段开头后，不用看后面的正文标题，就知道作者要从内涵、动因和对策三个方面来讨论问题。如果没有这段开头，上来就开始阐述各种观点，不但缺乏必要的过渡，而且读者会对全文的总体框架提出许多其他的设想，显然不利于读者理解论文的整体结构和学术思考。

本论部分，即文章的正文、主体，用于展开论证主题，充分阐述作者的学术思想和研究成果。正文的结构，主要是由标题组成的提纲，当然也包括正文中各个段落的内在逻辑关系构成。列出一个好的正文提纲对于撰写学术文章非常重要，既便于作者把复杂问题表达得清楚而有条理，也便于读者把握作者的思路和对学术思想的理解。

提纲是谋篇布局的总体框架，不但必须严谨、自然、完整、统一，而且还要有层次性。学术文章提纲的层次划分，常采用三种方式：一是并列式结构，即从不同侧面和角度展开来说明中心论点。其排序有先后，但都是并列关系。二是递进式结构，即围绕中心论点，逐层深入地展开主题。各分论点之间是层层相因、环环相扣、步步推进的关系。三是总分式结构。或"先总后分"，即先提出中心论点并论述，然后用若干分论点一一加以论证；或"先分后总"，即先从不同角度分别论述和论证，最后归纳总结和强化中心论点。正文的提纲和段落的结构，都可以分别运用或综合运用上述三种结构方式，一般是综合运用三种结构方式。[①] 仍以《建设海洋强国的战略思考》一文为例来看看该文的正文提纲结构：

一、海洋强国的基本内涵
（一）现代的海洋意识
（二）发达的海洋经济
（三）有效的海洋防控
（四）文明的海洋生态
（五）先进的海洋科技
二、建设海洋强国的时代动因
（一）实现中华民族永续发展的必然要求

---

① 马金生：《军事学术论文写作方法与技巧》，海潮出版社，2004年版，第87~89页。

（二）维护国家主权、安全和权益的必然要求
（三）顺应当今世界发展潮流的必然要求
三、建设海洋强国的对策思考
（一）着力提升海洋认知能力
（二）更加充分开发利用海洋
（三）坚决维护国家海洋权益
（四）不断加强海洋安全防卫
（五）尽快提高海洋装备水平
（六）高度重视海洋生态建设
（七）健全完善海洋法律法规

从这个提纲中可以看出，本文整体结构是递进式结构，第一个大标题中的各分论点是并列式结构，第二和第三个大标题中的分论点则综合采用了并列式和递进式结构，而在全文的论证过程中，又交替运用了"先分后总"和"先总后分"的总分式结构。因此该文的正文提纲结构，不但严谨、自然、完整、统一，而且层次还非常分明，加之作者观点鲜明、论据充分、立意宏大、语言流畅而又气势磅礴，不愧为一篇战略思考性文章，不愧为能在《中国军事科学》这样的顶级军事学权威杂志发表的好文章。

值得注意的是，提纲可以是标题提纲，也可以是句子提纲。前面的示例就是标题提纲，用一系列名词、短语、短句，分别列出论文中每一层次、段落的主要内容和观点；句子提纲以若干个句子的形式出现，表达一个完整的观点。这两种提纲形式在学术文章提纲中都可以采用，甚至可以同时采用，但同一层次的提纲标题，一般只采用一种形式的标题，不同形式的标题，不能使用在同一层次的提纲之中。但无论用哪种形式的提纲，还必须牢记一点：标题之中可以有标点符号，但标题末尾一定不能有标点符号。许多作者在标题末尾用了句号、分号等标点符号，是不符合文字和标点符号使用规范的。关于句子提纲，以《坚持和发展中国特色社会主义——对十八大报告主线的认识与体会》一文为例：

一、近代中国救亡图存运动和新民主主义革命胜利得出的真理性启示：只有社会主义才能救中国

二、艰辛探索社会主义革命和建设规律得出的真理性启示：只有

立足国情建设社会主义才能自强中国

三、改革开放伟大历史进程得出的真理性启示：只有中国特色社会主义才能发展中国

四、党和人民事业90多年发展历程得出的真理性启示：只有坚持和发展中国特色社会主义才能复兴中国

句子提纲相对于标题提纲而言虽然比较长些，但也必须在意思完整的情况下，尽量做到简洁、扼要、准确。

结论部分，即论文的结尾、结束语。结论部分一般用于概括全篇、深化主题，或收束全文、展望未来。学术文章少数有结论部分，但大部分没有，写完最后一个问题便戛然而止。如果需要写结论部分，一定要注意结论要高度概括全文思想、首尾呼应、深化主题，甚至还应当提出本文的缺点和未来研究的方向与方法等，但切忌画蛇添足、狗尾续貂。《坚持和发展中国特色社会主义——对十八大报告主线的认识与体会》一文的结尾，就是符合上述要求的非常好的学术文章结尾，录于此供读者赏析：

实践昭示真理的价值，历史告诉未来的走向。90多年来，党和人民进行了感天动地的奋斗，创造了彪炳史册的伟业，得到了上述四个真理性的启示。在当今中国，高举中国特色社会主义伟大旗帜，才是真正高举马克思列宁主义、毛泽东思想的旗帜，才是真正高举当代中国发展进步和全党全国各族人民团结奋斗的旗帜；坚持和发展中国特色社会主义，才是真正坚持被党和人民长期奋斗实践所反复证明的拯救中国、自强中国、发展中国、复兴中国的伟大真理。只要在这个最重大政治问题上进一步深化认知和理解，统一思想和行动，我们坚信，中国特色社会主义就一定会在继续造福国家、造福民族、造福人民的新的征程上，创造更大的辉煌，实现国家和民族伟大复兴的"中国梦"。

第二，掌握编拟提纲的基本步骤。对整篇学术论文结构的谋划，主要体现在编拟提纲上。编拟提纲的过程，既是提出学术假设和学术观点的过程，也是深化研究、理清思路、确定论文结构的过程。学术文章的骨架，主要就是论文提纲。有了完整的、结构合理的提纲，就有了"言之有序"

的骨架。因此安排论文结构，重点在编拟提纲上，基本步骤和要领如下：

第一步，筛选学术观点和假设。通过文献分析、专家访谈和问卷调查等方法获得了大量的关于研究选题的学术观点和假设后，编拟提纲时，就需要进一步进行筛选，根据选题的性质、论文的容量与写作目的，筛选出符合本文需要的观点和假设来，作为编拟提纲的基本素材。

第二步，编拟文章内容提要（摘要）。许多人写文章习惯于列好提纲后，在撰写文章时才写论文提要，这样做并非不可以。但笔者体会应当在筛选了学术观点和假设后，在列提纲之前，就应当编拟文章的内容提要。这样做的好处是，编拟内容提要或摘要，可以为进一步列提纲提供明确的指导，它相当于列提纲的指导纲要，为我们编拟提纲提供明确的思路和要求。当然，在进一步编拟提纲的过程中，还可以对提要进一步修改完善。

第三步，分解题目统筹安排总体框架。筛选了大量的观点、假设和编拟了指导纲要性的提要后，接下来就要把论文题目应当包含哪几个层次的问题进一步分解，首先安排好论文的总体框架，即通常我们所说的列出论文一级标题。如前面提到的《建设海洋强国的战略思考》一文，作者研究了大量的相关材料后，有了许多观点和素材，在编拟的内容提要指导下，分解出这个论文题目应当包括"内涵""动因"和"对策"三部分内容，从而确定了论文的总体框架和一级标题。

第四步，分解总体框架列下一级标题。确定了总体框架后，应当继续把各部分的问题深入分解，从理论上和逻辑上找到一级标题中各种问题应当和必须包含的下一级问题，按照一定的逻辑关系列出二级标题。如《建设海洋强国的战略思考》一文的二级标题，就是分解一级标题而来的。如果有必要，还应当对二级标题进一步分解，列出三级标题（一般三级标题以下，不宜再列标题。标题层次过多，不好驾驭，但写作时，还是要对三级标题的问题进行分解，知道从哪几方面来写）。编拟提纲的要领，可以说就是对大问题、小问题不断进行分解、归类和排序组合。

第五步，对提纲全面权衡和修改。通过上述四步初步列出了提纲后，需要进一步对提纲进行全面的权衡和观照，主要是通过理论分析和逻辑分析，总体上把握论文纲目的层次是否合理，内在逻辑关系是否把握得合理，观点表述是否准确、精炼和有无矛盾及冲突等。通过反复调整、修改、补充，就能够编拟出比较好的论文提纲了。

第六步，仔细梳理每一层次提纲需要的观点和材料。上述五步中列出的提纲，基本上就可以作为写作的依据了。但许多人在编拟了提纲后动手写作，发现还是难以驾驭。其中一个重要的原因，就是没有根据提纲仔细梳理每一层次需要的观点和材料，所以写作时要么各部分互相冲突，要么不知道用什么观点和素材来论述各层次标题的观点。要解决这一问题，还应当在编拟好论文提纲后，把手头的文献，以及自己的学术观点、假设等材料，进一步梳理、归类和分配，对每一层次的提纲所需要的论证材料和观点做到心中有数。此项工作看似必要性不大，但却是提高写作效率和质量的重要准备，应当予以高度的重视。这项工作既可以在编制好提纲之后做，也可以前移到文献阅读与分析阶段，分析文献、做问卷调查和专家访谈时，就应当思考文献资料和自己的学术观点与假设为哪些内容服务的问题。

　　第三，注意克服安排学术文章结构的常犯毛病。一是文不对题。许多文章，标题观点与题目不符、论述材料与观点不符。整篇文章，通篇或部分让人有罔顾左右而言他的感觉，即观点与材料出现了"两张皮"的现象。我们应当紧扣题目提出观点、紧扣观点选择合适的材料。二是"帽小体大"。有的文章题目小，概括不了文章内容；有的则是上一级标题小，涵盖不了下一级标题的问题。当然也有"帽子大身子小"的问题。例如有的文章论述的是"国防教育的主要内容"，论文题目却是《中国国防教育问题研究》，显然犯了"帽子大身子小"的错误。因此，考虑论文结构，论文题目要能够涵盖标题，上一级标题要能够涵盖下一级标题。三是类型不一。有的学术文章，如果把提纲拿出来分析，就会发现同一层次的标题，表述方式和结构类型不统一，导致提纲看起来混乱。解决的办法是，同一层次的标题，在结构和表述方式上一定要做到类型和风格统一，不能混用。四是逻辑混乱。有的文章提纲，同一层次的标题排序不当、不同层次的标题观点交叉、分论点划分不当而且相互包含，这些都是提纲逻辑混乱的表现。解决的办法就是一定要根据论文题目梳理出不同层次纲目的逻辑关系和排序、梳理好各个分论点的逻辑关系和排序。五是比例失衡。有的文章，有的部分标题过多，有的部分标题过少，有的部分文字量太多而有的部分文字量又太少，造成文章结构比例不协调。解决的办法，就是必须统筹好整篇文章的总体结构，要做到各部分标题及文字量相对平衡。六是缺乏照应。有的学术文章，提纲中的各部分纲目之间缺乏内在联系、文章首尾缺乏必要的呼应、各问题论述之间缺乏必要的过渡与承接关系，使整篇文章从整体到部分，都缺少必要的照应。解决的办法，就是安排提纲时，一定要弄清各部分在理论上和逻辑上的关系，写作时，问题与问题、观点与观点之间要注意相互呼应、环环相扣，构成一个逻辑严密的完整体系，不能把若干问题和许多材料简单地堆积为一篇"大杂烩"。"东北乱炖"是一道名菜，"大杂烩"却不是一篇合格的学术文章。这六个方面，是安排学术文章结构时常犯的毛病，在撰写学术文章时，应当尽量克服。

二、学术文章的品位

学术文章没有好的结构，文章必然混乱，难以较好地从整体上反映出作者的思想观点。而学术文章没有良好的品位，文章的学术价值和应用价值就会大打折扣，甚至毫无价值可言。一篇好的学术文章，一定是具有一定品位的文章。品位，即文章的品质、质量、档次问题。撰写学术文章，除了首先要考虑文章的结构问题，还应当在动手撰写前和撰写过程中，考虑和追求文章的品位。

学术文章应当具备哪些品位呢？笔者的体会，主要是以下五个方面：

第一，历史品位。所谓历史品位，即一篇学术文章的历史厚重感问题，并非是引用的历史材料的多少问题。一篇好的学术文章，一定是具有历史厚重感的文章。有的学术文章研究历史问题，堆积了大量历史材料，但没有总结出历史的规律和对现实的启示；有的学术文章研究现实问题，仅仅罗列许多现实问题和现象，就提出如何做的对策，没有任何的历史踪迹可循；有的学术文章研究未来、预测未来，也同样脱离历史与现实。这些都是学术文章没有历史品位的具体表现。

现实由历史发展而来，今天的现实又是明天的历史，并且预示着未来的方向。因此，历史的作用就是昭示现实和未来的走向，学术研究一定要有科学的历史观和历史的纵深感，学术研究成果必须把历史、现实与未来有机统一起来，用历史规律来昭示真理的价值，用历史发展的必然性来把握未来。

前面提到的《坚持和发展中国特色社会主义——对十八大报告主线的认识与体会》一文，正是从回顾中国近代170多年、中国共产党成立90多年、中华人民共和国成立60多年、改革开放30多年的历史，从理论、实践和逻辑的结合上，论述了中国为什么要坚持和发展中国特色社会主义、如何坚持和发展中国特色社会主义的问题，并展望了坚持和发展中国特色社会主义与实现"中国梦"的关系。因此，这篇文章，用科学的历史观，深刻揭示了中国特色社会主义的历史发展规律和未来走向，实现了历史与逻辑的有机统一，是一篇具有极高历史品位的文章。试想，如果这篇文章只空洞地说教，或者只谈历史现象而不总结历史规律，或者不把历史与现实及未来相联系，这篇文章就不可能是一篇具有历史品位的好文章。

第二，逻辑品位。所谓逻辑品位，即一篇学术文章必须具有科学的逻辑思维，具有用严谨的逻辑推理征服读者的力量。学术文章不仅要以大量的素材来论证观点，也需要一系列逻辑判断和逻辑推理来论证观点和表达思想。因此，学术文章的逻辑品位，首先体现在作者是否能够科学地运用分析与综合、归纳与演绎、抽象与具体、历史与逻辑相统一等辩证逻辑思维方法来科学思维。如果不会正确运用辩证逻辑思维方法来思考和推理，就难以得出正确的学术思想和正确地表述学术观点。其次是体现在文章的结构要有内在的合理逻辑性，学术观点之间要有内在的逻辑性，论证材料与观点之间要有内在的必然逻辑性，文章推理论述展开前后之间要有逻辑性等方面。如果文章的结构逻辑不合理，学术观点之间逻辑上相互矛盾，材料与观点之间没有必然联系，推理展开前后逻辑矛盾，这样的学术文章，不仅思想混乱，更不可能以逻辑的力量征服读者。

毛泽东撰写的《论持久战》一文，不仅以全面的抗日战争爆发10个月以来的事实，说明中国为什么要坚持持久战的战略方针，还以抗日战争的本质、中日战争相互矛盾的四个特点及内在规定性、政治动员、战略战术等一系列理论和范畴逐层深入地推演，揭示了为什么是持久战、如何开展持久战等问题，最后全面深入地揭示了中国必胜日本必败、抗日战争是持久战的规律。这篇文章，征服人心的不仅是真理的力量，还有毛泽东辩证逻辑思维的力量和文章结构严谨、严密的逻辑推理的力量。因此从事学术研究，应当多学习哲学、逻辑学、思维科学，多读些毛泽东的《论持久战》、马克思的《资本论》等名著，切实掌握辩证逻辑思维方法，并在撰写学术文章过程中，要善于运用逻辑思维和逻辑推理，努力追求学术文章的逻辑品位，以逻辑的力量征服读者。

第三，文学品位。所谓文学品位，即学术文章也要有文采，让读者看得赏心悦目。学术文章的叙事、论理及修辞风格，与文学作品及文艺作品的要求几乎截然不同。但这并不是说撰写学术文章不需要文采，恰恰相反，具有一定文采的学术文章，才是读者喜欢阅读的学术文章，才是使读者印象深刻的学术文章。没有文采的学术文章，即便有深刻、新颖的学术主张，读者也未必愿意阅读。因此，撰写学术文章，应当在符合学术规范和语言规范的前提下，尽量做到有让读者看得赏心悦目的文学品位，以增强学术文章的吸引力和感染力。从这个意义上讲，多读些文学与文艺作品，多看一些学术大家的理论文章，借鉴他人的写作风格和语言风格，对于提高自己学术文章的文学品位，是非常有益的。

虽然不同的人对学术文章文学品位的理解与要求不一样，但笔者认为，一般而言，学术文章的文风要求是朴实无华，语言要求是准确而符合学术规范，说理要求是透彻而具有逻辑性，叙事要求是直接、简明、简洁，修辞运用上基本上不用比喻、夸张等文学作品常用的修辞方法。把握了这些基本要求，学术论文写得符合学术文章的共性而又具有自己的个性、叙事简洁而不简单、论理深刻而有逻辑性、语言流畅又生动，基本上就可以算是具有一定文学品位的好文章了。而过于追求辞藻华美、构思奇特、悬疑迭起、修辞多样的学术文章，既不符合学术文章的基本规范，也未必是具有文学品位的学术文章。正如孙子论用兵艺术所言："故兵闻拙速，未睹巧之久也"（《孙子兵法·作战篇》），虽然用兵贵在求胜，但没有听说过为了显示用兵艺术高超而刻意追求持久的，老老实实的速胜远比巧妙的持久更为重要。追求学术文章的文学品位也是如此，说事与论理，直接、简洁、准确、质朴，远胜于间接、繁复、矫饰、华美。

第四，思想品位。所谓思想品位，即学术文章要有深刻的思想性和较高的学术性。一篇好的学术文章，必须要同时满足这两个方面的要求。

深刻的思想性是学术文章的灵魂。对于国防教育学术研究而言，文章有没有深刻的思想性，首先体现在学术文章要"有思想"上，不能空洞无物，言之无理。言之无物、无理的学术文章，没有任何价值。其次是体现在必须"讲政治"上，国防教育理论研究，要遵守国家法律法规，要符合党的相关政策要求，要维护国家的政治制度和意识形态，因而国防教育学术文章是必须讲政治的。不讲政治的学术研究，不但会危害国家的根本制度，还会危害国家安全。另外，虽然学术探索并无禁区，但宣传必须要有纪律，对于任何国家而言，皆是如此。因此，学术文章的深刻思想性，不但要"有思想"，还要"讲政治"。缺少了任何一个方面，都不能说是有深刻思想性的学术文章。"有思想"是基础，"讲政治"是保证。

但有深刻思想性的学术文章，未必具有较高的学术价值。因为许多学术文章，讲了许多大道理、真道理，也非常讲政治，可谓有深刻的思想性，但为什么没有较高的学术价值呢？其原因就在于人云亦云，没有自己的观点和创新。因此，学术文章有没有较高的学术性或学术价值，在满足了"有思想""讲政治"的前提下，还要看是否能够满足"有创新"和"有深度"这两个基本要求。

"有创新"，就是研究了别人没有研究的问题，提出了别人没有提出的思想、方法和对策。"有深度"，就是在"有创新"的基础上，认识比别人更加深刻、新颖、全面。学术文章的学术性，主要体现在"有创新""有深度"方面。例如，前面提到的《论我军战略文化的传承与发展》一文，"深刻的思想性"这一条件是符合的，该文对于我军从毛泽东、邓小平到江泽民、胡锦涛等不同时期的军事理论发展与创新，总结是精辟深刻的。但是该文的缺点恰恰是缺乏学术性，对战略文化的认识没有理论上的突破，所提出的传承和发展我军战略文化的对策，还仅仅停留于如何传承和发展我军军事理论方面，所以从学术性角度而言，该文既没有创新，也没有深度。笔者阅读了该文后，有一个基本的感受，这篇文章可以让我们对党的军事理论的创新发展历程温故而知新，但无助于读者对我军战略文化究竟是什么有明晰的认识，更难指导我们深入思考如何传承和发展我军战略文化。所以该文有较深刻的思想性但并无较高的学术性，故而难以算是一篇有思想品位的学术文章。我们撰写学术文章时，必须在文章的思想性和学术性上下工夫，努力追求思想性和学术性的有机统一，使自己的学术文章有较高的思想品位。

第五，哲学品位。所谓哲学品位，即学术文章要有深刻的哲理。学术研究之目的在于，或找到解决现实问题的应对之策，或切实解决理论问题的思想认识及认识的方法问题。因此撰写学术文章，必定要以哲学提供的世界观和方法论为基础。一篇好的学术文章，是否具有哲学品位，首先体现在作者世界观和方法论是否正确上，以及哲学方法的运用水平高低方面。但更有价值的学术文章，则是文章本身要揭示出深刻的哲理来。具体的对策和具体的思想观点，只能教会人们如何做事和如何看问题，但是哲理则能给人智慧的启迪，教会我们如何思考问题和研究问题。因而，学术文章的哲学品位，更体现在文章蕴含的哲理上。能够运用科学的哲学世界观和方法论研究学术问题，只是撰写学术文章最基本的要求，舍此前提，根本不可能保证研究方法和研究结论的科学性。而在学术文章中揭示出深刻的哲理，才是学术文章哲学品位的真正体现。

普通高校军事教师从事国防教育学术研究，不仅仅是为了发表几篇文章获得一些学术成果，也不仅仅是为了评职称和个人进步，更是要推动国防教育学学科建立和发展，解决国防教育中的现实问题，探索和创新国防教育理论。因此，我们的学术文章必须追求哲学品位，要能够为他人提供富含哲理的启示与思考。如果长期致力于这一追求，而在国防教育学术研究中建立起了独特的思想体系和方法体系，则可以说对国防教育哲学有了自己独特的贡献。或许我们大多数人都很难达到这种境界，但在每撰写一篇学术文章时都努力追求文章的哲学品位，这是应该而且可以做到的。

学术文章的上述五种品位，既是撰写学术文章的基本要求，也是非常高的要求。撰写学术文章之前，必须认真思考自己的研究选题、提纲及学术思想与写作能力能否达到这些品位。如果难以达到，不妨先把写作放一边，继续深入地学习一些理论、研究一些问题，有了把握再撰写。而在撰写过程中和写好文章后，也要反复斟酌和修改，努力使自己的学术文章具有上述五种品位。

"文章千古事。"学术文章是要启发今人，传于后人的，不能没有较高的品位。

三、学术文章的撰写

好的学术文章是认真写出来的。

撰写一篇学术文章，大致经历四个阶段：第一阶段是学术准备，即运用文献分析法、问卷调查法、专家访谈法、抽象上升到具体的方法等学术研究方法，确定学术文章题目、获得大量素材和学术思想观点及提出学术假设；第二阶段是写作准备，即安排好论文结构和提纲，并对文章学术品位有深入的思考；第三阶段就是写作，即主要运用抽象上升到具体的方法，把论文提纲这一思维抽象上升为思维具体，写出文章来；第四阶段就是修改，即对所写论文进行调整、补充、删减和润色。经过前两个阶段的充分准备后，动手认真写作就成为最重要的环节了。学术研究者经过中小学、大学甚至研究生阶段的学习，写作的方法要领基本上都掌握了，基本功也具备了，但要写出高质量的学术文章，笔者认为写作阶段还应当重点把握以下五个方面的问题：

第一，按提纲顺序写比较好。严格地讲，根据提纲写一篇学术文章，先写什么，后写什么，并没有严格的程序规定，从任何地方写起，最终都能完成文章的写作。但笔者体会，按照提纲顺序写比较好。有的人习惯于从简单的、易上手的问题写起，这并非不可以，但带来的问题是，一会儿写这个问题，一会儿写那个问题，最后写出的文章，在逻辑上比较混乱，修改时非常困难，甚至是难以下手修改。要解决这个问题，必须按照提纲顺序来写文章的各个部分。因为提纲就是对文章结构的整体思考，有内在的逻辑顺序，打乱了这个顺序，必然会导致写作过程中的逻辑混乱。虽然按照提纲顺序写作也非常难，但毕竟有依据可以遵循，能够较好把握各级标题及每一标题下不同角度论述的内在逻辑。虽然写作过程中，有了更深入的思考后，还会不断调整提纲，但也还是要按照调整后的提纲顺序来写。养成了按照提纲顺序写文章的习惯，我们就会发现，这是一种事半功倍的写作方法。写学术文章时，从摘要或内容提要的撰写与修改写起，然后写序论，写第一、第二、第三等问题直到结论，一气呵成，可以使文章浑然一体。

第二，善于分解标题来写。前文提到，构思提纲，就是不断分解问题的过程，把文章题目分解成几个大问题构成若干一级标题，再把一级标题的问题分解成若干问题构成二级标题，如果能够继续分解，则可以列出三级甚至四级标题。一般在构思论文提纲时列出三级和四级标题非常困难，甚至有时也没有必要。但写作时，每写一个问题时，是需要进一步分解标题的。入手写一级标题的观点时，实际上是从分别论述若干二级标题开始的，把若干二级标题的观点论述清楚后，一级标题的观点也就论述清楚了。而论述二级标题时，又是按照三级标题展开论述的，论述清楚了三级标题的观点，则二级标题的观点也自然论述清楚了。如果没有事先列出三级标题，具体写作时，还要把每一个二级标题的问题进一步分解出若干方面的问题，理清了逻辑关系，才能动手写作。甚至写三级标题的问题时，也必须对三级标题的问题再分解，从不同角度和侧面把三级标题问题论述清楚了，二级标题中的观点也就论述清楚了。所以写作的过程，实际上也是进一步逐步分解问题的过程，只有把问题逐层分解到位，才能由论述最底层的问题开始，逐层论述清楚上一层次标题的观点。许多人在写文章时，面对一个提纲难以下手写作，就是没有掌握这种分解提纲和分解问题的写作方法。

第三，接上思路再写。写一篇数千字或上万字的学术文章，即使集中时间和精力来写，一般也要数天，如果被其他事务耽搁，可能数月才能完成。这就产生了一个问题，不同时间段写的内容，虽然也是按照提纲思路来写的，但写出的东西可能会观点矛盾、逻辑混乱，不能浑然一体，甚至语言风格也不统一。为什么会产生这一问题？笔者问了许多研究生，发现许多人撰写学术文章时，习惯于从上次写作结尾处直接开始写，后面写的内容与前面的思路没有对接上。笔者的体会是，每次继续写作时，最好是通读前面写的内容，甚至修改多遍，至少也要对上一个大问题的内容多读几遍和修改几遍，把思路对接上了，把要继续写的问题的思路理顺了，然后再动手继续写作。或许许多人会认为这样比较浪费时间，但笔者的体会则是这样写作效率才高、效果才好。因为如果自己的思路没有和前面写作的内容与思路充分对接，后面写的内容越多，逻辑越混乱，修改也就越困难。因此，每次继续写作时，读一读并修改一下前面写作的问题，对接上思路再写，是非常重要的。回头看，是为了更好地向前走。

第四，边写边注释。撰写学术文章时，需要做必要的甚至大量的注释。许多作者习惯于写完文章后再注释，结果是很难搞清楚自己到底引用和参考了什么，或者即使知道，而查找引用的文献和观点的出处，却非常困难，甚至是比写文章还要难。笔者的体会是，写作时最好边写边注释，而且是按照学术规范完整、准确地注释。边写边注释，看似耽误时间、影响思路，实际上却有益于提高写作效率，并能为自己继续查找文献资料及列参考文献提供明确的指引。

第五，边写边修改。写完文章再修改，还是边写边修改，这既是一个个人写作习惯的问题，也是一个写作方法的问题。笔者发现许多人写学术文章，习惯于先把素材和内容堆积上去，一篇数千字的文章，按照提纲，堆集了数万字的材料和观点，然后再动手修改。这样做，不但修改起来非常困难，而且自己都不知道到底借鉴了什么观点、材料出于何处。勉强修改，也是难以下手删减，舍不得把许多无用的材料和观点精简掉，改出来的文章，逻辑也非常混乱。如何解决这一问题呢？笔者的体会是写学术文章，一定要运用边写边修改的方法，或者说要养成边写边改的习惯。边写边修改，才能对材料正确取舍，才能把握问题与问题、观点与观点、材料与观点之间的内在逻辑。边写边改，看似会使写作速度慢，实际上则是速度与效益都最好的写作方法和习惯。笔者撰写本书的每一专题，实际上都是边写边改，边改边写，一气呵成，而完成后大的修改，也基本上没有了。

上述五个方面，是笔者对撰写学术文章的一些体会，虽然属于个人体会与习惯的问题，但也不乏共性的东西。读者朋友们如果在撰写学术文章中能够注意借鉴和灵活运用，相信大家一定能在速度与质量上都有新的提高。

四、学术文章的修改

好的学术文章更是认真修改出来的。

修改文章，是撰写学术文章的第四个阶段，写完了文章，一定要认真修改。三分写作七分改，文章不厌改百回。著名文豪托尔斯泰在日记中就写道："写作而不加以修改，这种想法应该永远摒弃。三遍四遍——那还是不够的。"甚至可以说，好的学术文章是认真"改"出来的，"改"是更重要、更难的"写"。

如何修改学术文章呢？笔者的体会是要把握以下七个方面的要点。

第一，修改论文结构和提纲。撰写学术论文从安排论文结构和列提纲开始，修改学术论文，也应当从修改论文结构和提纲开始。一般而言，安排论文结构和提纲，是经过一番研究才能完成的，但并不是最为深入的研究，写作的过程才是更为深入的研究过程，所以在写作过程中，边写边修改提纲和论文结构是经常出现的情况。但是论文写成后，认真阅读几遍，又会发现，已有的论文结构和提纲可能并不完全合理，因此，修改论文，首先要从论文结构和提纲入手，先把结构和提纲调整好，再动手去修改别的方面。俗话讲纲举目张，把论文框架调整好了，其他的内容就比较容易修改了。

例如，笔者撰写本专题，一开始的提纲写了四点：学术文章的结构和品位、学术文章的撰写和修改、学术文章的风格和个性、学术文章的规范和常犯错误。这个提纲是经过深思熟虑才提出来的，笔者撰写本专题，也是严格按照提纲来撰写的。但是写成之后发现了两个问题：一是每一个大问题中包含两个问题，论述的观点不够集中，阅读起来不好理解其内在逻辑关系。二是学术文章的风格和个性这个问题，尽管也写出了一些独到的见解，但是把握学术文章的共性风格与每个人的个性风格，实在难有共同遵循的基本原则。因此，笔者对这一专题的修改，首先就是从修改整体结构和提纲入手，形成了定稿后的论述学术文章的结构、品位、撰写、修改、基本规范与常犯错误这样一个结构和提纲，其他的修改，都建立在这个基础之上。

虽然不是每篇学术文章写成后都必须调整结构和提纲，但修改论文还是应当从修改结构和提纲开始，重新从整体上审视论文结构和提纲，有益于从宏观上把握论文修改的方向。

第二，修改论文观点。如果重新审视了论文结构和提纲后没有问题，或者进一步调整修改了结构和提纲后，才能动手修改论文的观点。修改论文观点，是学术文章修改中最重要的工作。一般而言，首先要反复思考各级标题的观点是否正确，表述是否准确、简练，风格是否统一；其次是要反复思考各种分论点是否正确、准确和简练。如果没有明确的分论点，则要思考每一段落的中心句、中心意思是否准确，表述是否合理的问题。经过这样逐层深入的分析，就能够将学术文章的观点修改好。如果有的观点不正确，则要进一步研究材料，提出新的学术观点补充到论文之中。

第三，修改论文的表述逻辑。在修改了论文的结构、提纲和学术观点后，就要进一步仔细分析论文的表述逻辑方面的问题。一是要分析不同观点先后顺序上是否合乎逻辑，找出各种观点的因果、递进等关系，加以必要的顺序调整；二是要分析不同层次的问题之间的转承与照应关系，主要是检查每一个大问题之间有没有必要的过渡段落，如果没有，要根据需要补充上，以增强文章整体上的逻辑性；三是要检查每一个大问题是否有开头段或结尾段。一般而言，撰写一个大的问题，论述方式要么是"先总后分"，要么是"先分后总"。采用"先总后分"的方式论述问题，开始写分论点之前应当有一个开头段落作为铺垫；采用"先分后总"方式论述问题，结尾时应当有一个结尾或结论段落予以概括总结。但我们在写作过程中是容易忽视这个问题的，所以修改论文的表述逻辑时，应当予以重点关注。通过上述三个方面的修改，学术文章的表述逻辑基本上就没有问题了。

第四，运用加减法修改论文的内容。通过上面几方面的修改，接下来就主要是修改文章的内容了。修改学术文章的内容，主要方法无非就是做加法和减法。如果还有必要的学术观点需要补充，有必要的论述角度需要进一步展开，有必要的论证材料要加入，这时主要就是做加法，即增加这些缺失的内容。做好加法，是修改学术文章内容首先要运用的方法。

但是许多人修改文章，越修改内容越多，越修改文章越不精炼，其原因就是只做加法不做减法。其实修改学术文章不仅仅是做好加法，更要做好减法。因为我们每个人写文章的习惯，基本上都是尽量充分论证每一个问题，文章写成之后，往往不是内容太少了，而是太多了。所以修改学术文章，往往主要不是增加内容，而是尽量精简内容。但许多人对自己辛辛苦苦写出来的东西，就是舍不得删减一些。

那么，修改文章时如何做好减法呢？毛泽东在《反对党八股》一文中引用了鲁迅的话："写完后至少看两遍，竭力将可有可无的字、句、段删去，毫不可惜。宁可将可作小说的材料缩成速写，决不将速写材料拉成小说。"这一说法，是值得我们借鉴的。

具体到删减学术文章内容方面，笔者体会要把握三个方面：一是不妨把自己的文章看个八遍十遍，认真加以删改，要竭力将可有可无的字、句、段删去，毫不可惜，使观点表述简洁、准确。二是要恰当取舍论证材料，能用一个材料、一个事例说明问题，就绝对不要用两个；能够从正面或反面说明问题，就尽量不要同时从正面和反面来说明问题。三是如果不是观点上、内容上和材料上确实需要，切勿增加新的内容。

第五，放一段时间再修改。经常写学术文章的人都有一个体会，自己刚刚写成的文章，修改时往往看不出问题来，所以修改也就是大体上看看有无明显的毛病。然而这并不等于文章没有可大修改的地方，只是自己陷入了思维定势之中，一时难以发现问题而已。因此，笔者体会修改学术文章，最好写成后放一段时间，基本上忘记了写作的内容和思路后，再动手修改文章。这样做的好处是可以打破原有的思维定势，把自己的文章当作别人的文章来修改，当作学生的作业来批改，基本上就能跳出思维定势，按照上述四个方面所谈的方法和步骤来修改自己的文章了。

第六，请别人帮助修改。对自己的学术文章认真修改后，还可以请别人帮助修改。笔者体会是：一是可以首先请专家修改。自己撰写的学术文章，经过反复修改后，未必就是具有一定品位的文章，因为毕竟受到个人的眼光、学术研究能力等方面的制约。所以在把文章修改得令自己十分满意后，还有必要请相关专家帮助修改，至少也要请专家提出修改意见，然后自己再努力修改。需要注意的是，许多人写完文章后，自己没有改好，就把漏洞百出的文章交给专家修改，这是应当尽量避免的。因为这不但浪费别人的时间，也是做学问不严谨的体现。二是请外行帮助修改。有的人认为请外行帮助修改学术文章不可取，笔者却认为恰恰相反。外行并非没有学术眼光，只是对你研究的问题不熟悉而已。请这样的"外行"帮助修改学术文章，或许恰恰由于他们没有受到思维定势的影响，能够提出比较独特的意见供我们参考。白居易写诗，要读给老妇听，然后再进一步修改，直到她们能够听懂。我们写学术文章，也往往是给外行看的，要让外行看得懂才行。笔者指导研究生时，要求他们把写的学术文章和学位论文，首先给其他同学看和修改，让"外行"提出修改意见，然后自己修改好后再征求专家意见修改。

笔者认为，一篇好的学术文章至少应当满足若干条件：一是自己十分满意，自己不满意的文章不要急于示人，要多修改。二是让外行和非专业人士能读懂、能学会。外行能够看懂学会，说明观点基本正确，材料选择、论证的逻辑也没有大的问题。三是让相关领域里的专家读了后感觉有新意。专家认为有新意，则说明论文具有一定的学术创新。四是让学术大家看了后感觉有深度。学术大家能够认为你的文章有一定深度，说明文章的学术性比较强，具备了投稿的基本条件。但仅仅外行能读懂的学术文章可能失之过浅，仅仅专家觉得有创新和有深度的文章可能失之过于深奥和晦涩。因而一篇好的学术文章，以笔者之管见，应当同时具备上述四个方面的条件。修改学术文章，应当往这四个方面努力。

第七，按照编辑的要求修改。文章投稿后，如果编辑感兴趣，就会通知作者并达成用稿意向。如果编辑有修改意见，自己又十分赞同，则应当按照编辑的修改意见进行修改。如果不赞成编辑的修改意见，应当与编辑讨论达成比较一致的意见，然后再进行修改。如果与编辑的修改意见分歧太大，则可以改向其他学术刊物投稿。

以上七个方面，是修改学术文章的一些体会与看法，读者诸君可以根据自己的习惯加以适当的参考借鉴。

五、应克服的问题和达到的要求

撰写一篇好的学术文章,要下的工夫当然主要是学术准备、结构与提纲设计、撰写及修改。但把握学术文章的基本规范与要求,避免常犯的错误,也是撰写学术文章及提高学术文章质量必须重视的问题。许多书籍中都比较系统地提出和总结了这方面的问题,我们应当多学习并加以借鉴。笔者在指导研究生撰写学术文章和评阅研究生论文时,总结了以下十个方面的问题,录于本专题中,由于篇幅所限不展开论述和说明。读者诸君今后写学术文章、学位论文,乃至撰写学术著作时,可时常拿出来参照一下,一定会有意外的收获。

第一,关于提高学术性。注意克服的问题:以说理与论述为主,切忌过多描述与介绍;尽量用自己的话论述,切忌照搬书本知识;把相关问题的资料研究透彻,切忌只用一家之言;观点正确且具有前沿性、独创性,切忌人云亦云。要达到的标准:论题引人关注,具有理论或实践的引导性;论点新颖集中,具有知识创新或观点创新;理论系统完备,较系统、深入地解决问题;对策方法具体,在相应层面上具有可操作性;逻辑结构严谨,谋篇布局具有整体性、连贯性;语言精准顺达,全文具有较强的可读性。

第二,必须要有操作性或启发性。注意克服的问题和达到的标准:要有理论或实践基础,切忌空泛议论;措施要有针对性,切忌到处通用;方法、原理要有科学性,切忌犯方法论和常识性错误;对策要有现实可行性,切忌推不倒用不上;启示要有依据和排他性,切忌"两张皮"现象。

第三,论述要有层次性。注意克服的问题和达到的标准:章节目之间上一层次涵盖下一层次,切忌逻辑混乱;整体布局要有完整性,切忌缺少必要的内容;每一论点的论证要有层次性,切忌无内在逻辑;要注意分段论述,切忌一个问题一段话的表述形式;章节目之间要有转承过渡,切忌关联性不明确;对论点的论述集中、够用,切忌游离主题或过与不及。

第四,注意摘要、绪论、结束语的写法。写摘要注意克服的问题和达到的标准:简要反映选题意义,切忌不能体现论文价值;体现主要研究方法,切忌研究方法概括不当;概括反映论文框架和研究内容,切忌纲目罗列；注意与结束语相区别，切忌前后雷同。写绪论注意克服的问题和达到的标准：紧扣选题写依据与意义，切忌漫无边际；依据与意义要与学科相关，切忌脱离学科和研究方向；综述要尽量反映国内外研究现状，切忌把握不全面；综述要注意有列举、有观点，切忌仅罗列无分析；综述要有纵深、有宽度，切忌跨度不够。写结束语注意克服的问题和达到的标准：高度准确概括论文创新点，切忌论文框架描述；创新性描述要合理，切忌浮夸与过谦；宜自我暴露问题，切忌遮遮掩掩；应提出相关努力方向与方法，切忌无展望无提示。

第五，注意各个问题论述要相对平衡。注意克服的问题和达到的标准：注意章节相对平衡，切忌头尾小肚子大；注意每个具体问题段落合理，切忌有的太多有的太少；注意论据够用即可，切忌过多冲淡观点；注意分类概括，切忌穷举罗列。

第六，注意全文风格的一致性。注意克服的问题和达到的标准：注意语言风格一致，切忌剽窃、代写嫌疑；注意论述逻辑一致性，切忌思路过于复杂；注意层次结构一致性，切忌结构类型不统一；注意都要首尾呼应，切忌时有时无。

第七，注意语言的运用。注意克服的问题和达到的标准：注意用规范的学术性概念和表述方式，切忌概念不准确、语言无学术性；注意语言朴实准确，切忌夸张、比喻；注意多用简单句，切忌语法过于复杂；注意多用陈述句，切忌提问、反问、设问；注意以论为主，切忌述多论少。

第八，注意引用的多样性、权威性。注意克服的问题和达到的标准：注意引用权威著作，切忌引用没有代表性；注意引用正式刊物，切忌引用准确性无保证的网络资料；注意引用新材料，切忌材料过于老旧；注意引用资料丰富性，切忌资料过于单一；注意引用注释规范，切忌抄袭剽窃。

第九，注意参考文献的相关性和外文文献引用。注意克服的问题和达到的标准：注意参考文献尽量列举全面，切忌遗漏代表性的；注意参考文献相关性，切忌列举无关资料；注意列举一定数量的外文文献，切忌列举不相关、不了解的外文资料；注意分类列举，切忌杂乱无章；注意格式规范统一，切忌不同格式混用。

第十，注意致谢词的写法。学位论文末尾一般需要写致谢词，学术论文则不需要。注意克服的问题和达到的标准：充分体现文采，切忌没有神韵；充分表达感情，切忌没有真情；充分表达对各方面的感谢，切忌遗漏和引起矛盾；抒情恰到好处，切忌华而不实。

本部分对如何撰写学术文章提出了一些思考和建议。普通高校军事教师撰写学术文章以及指导学生撰写学术文章，都是可以参考和借鉴的，有意识对照着做，应当会有所提高。

但撰写学术文章之事，不是懂得一些窍门就必然会提高，多学习、多思考、多写作，才是真正的入门路径。唐代大文学家韩愈就曾说过："学以为耕，文以为获"，意思是说学是写作的前提，没有学的"耕耘"，就没有写的"收获"。撰写学术文章，主要靠多学习和多思考。而用一定的方法和要求写出来，只不过是学和思获得的理性认识的再现罢了。如果反过来只注重多写，而不多学习和多思考，反倒会陷于迷惑了。

[思考题]
1. 撰写学术文章如何构思文章结构和提纲？
2. 学术文章应当具有哪些品位？
3. 撰写学术文章有哪几个主要阶段？
4. 撰写学术文章应当把握哪些问题？
5. 如何修改学术文章？
6. 撰写学术文章应当注意克服哪些常犯毛病？

第六讲　如何上好军事理论课？
——普通高等学校军事教师教学方法思考

[导　读] 上好军事理论课，是普通高校军事教师的重要职责。但是能上军事理论课和能上好军事理论课是有重大区别的。如何上好军事理论课呢？本专题从如何选择课程专题、设计教学内容、讲授好理论课、提高理论素养等方面，谈些值得借鉴的经验与体会。虽然不是从教育教学理论上来论述，但这些经验体会可以帮助普通高校军事教师迅速提高军事理论课授课质量，让老师们开设出学生喜爱的军事理论课。

如何上好军事理论课，这个问题确实是普通高校军事教师非常关注的话题之一。因为作为一名专职或兼职军事教师，上好军事理论课既是本职工作的基本要求，也是一个面子问题。许多高校的军事理论课被学生称为"水课"，尽管原因是多方面的，但与老师讲得不好是分不开的。其实大多数普通高校的军事教师都有硕士或博士学历，对教育教学理论也非常熟悉，为什么上不好军事理论课呢？这既与多数老师没有接受过军事教育、没有从军经历有关，也与老师没有掌握上好军事理论课的技能有关。笔者曾在军校学习工作近20年，给南京大学、东南大学等高校长期讲授大学生军事理论课，也给厦门大学和东南大学国防教育方向硕士研究生讲授军事理论、军事战略、国家安全理论和国防理论等课程近十年，在军校也当过几年的军事理论教研室主任，对于如何组织并上好军事理论课有一些独到的经验体会。在本专题中，笔者结合自身长期以来的一些教学经验、教学心得和思考，从以下四个方面来谈谈如何上好军事理论课这个问题。

一、如何选择课程专题

这是军事理论课程整体设计问题。一门军事理论课程，如果不精心选择课程专题组成一个好的课程体系，尽管个别课讲得非常精彩，但也不可能是一门好的军事理论课程。所以我们有必要首先思考"如何选择课程专题"这个问题。

现行 2007 年版《普通高等学校军事课程教学大纲》规定，军事理论课有 36 个学时，计 2 个学分，并规定了教材由"中国国防""军事思想""国际战略环境""军事高技术""信息化战争"共五章组成，对每一章的讲授要点做了相应的规定。但是由于大纲和教材总是有一定的滞后性，加之各个高校有不同的实际情况，部分高校并没有严格按照大纲规定的 36 个学时上课，即便是这一规定，其实也并没有严格按照大纲要求授课。今后，《普通高等学校军事课程教学大纲》还会不断修订，但按照现在使用的大纲来思考军事理论课程专题选择问题，对于各位军事教师以后按照新修订的大纲来选择课程专题，同样也还是有借鉴意义的。

大学生军事理论课作为一门必修课，几乎涉及了军事学大多数的一级学科，几乎是普通高校中学科跨度最大的课程，所以各高校开设军事理论课，一般都不是严格按照大纲规定内容上课，而是根据自己的实际情况，会上的、好上的多上一些。但课程专题选择不好，会影响到整个军事理论课程的教学效果和实际的国防教育效益和目标是否能够实现。那我们应当如何选择军事理论课专题组成一门比较好的军事理论课呢？笔者提出几点建议供参考。

首先，分析一下 36 学时军事理论课专题选择方面的问题。

部分高校严格按照 36 学时的教学时数上军事理论课，并且按照大纲和相关文件严格坚持"课堂面授为主"的要求，除去一次考试和一次考试复习或辅导，一般是上 16 个专题。许多高校按照大纲和教材五章的内容，对课程专题的选择既有一些共性，也有变通的办法。

第一章"中国国防"。一般是选择这四个专题来讲：第一讲"国防概述"，第二讲"中国国防历史与经验教训"，第三讲"国防法规"，第四讲"中国国防建设与成就"。这四个专题，基本上把大学生需要了解的国防知识涵盖了。

但是由于国防法规比较枯燥，也不好讲，讲不好学生也不喜欢，所以一些学校对中国国防这一章的专题选择也采取了一些变通办法，主要是讲：国防与国防教育概述、中国近现代国防历史与启示、新中国国防历史与启示、中国国防建设与成就。这四个专题的设置，也是比较合理的，既有大量的理论和知识点，也有大量生动的事例，学生比较喜欢，老师也比较好讲。

第二章"军事思想"。一般是选择六个专题来讲：第一讲"军事思想概述"，第二讲"毛泽东军事思想"，第三讲"邓小平新时期军队建设思想"，第四讲"江泽民国防建设和军队建设思想"，第五讲"胡锦涛国防和军队建设思想"，第六讲"习近平强军思想"。这六个专题，基本上把大学生需要了解的军事思想知识涵盖了。

但这六个专题的选择也存在许多问题：一是毛泽东军事思想内容博大精深，内容体系庞大，一个专题根本讲不清楚；二是邓小平新时期军队建设思想、江泽民国防和军队建设思想、胡锦涛国防和军队建设思想，难以找到大量生动的战例来讲授，课程内容枯燥，学生不喜欢，老师如果没有深厚的理论功底，根本讲不好；三是邓小平、江泽民和胡锦涛的军事思想，包括习近平强军思想的内容，也是非常庞大的体系，各讲一个专题也没有办法讲清楚，并且许多内容既一脉相承又各有创新，老师如果没有过硬的理论功底，难以区分出他们的不同点，难以把握同一思想在不同时期的继承和创新的脉络。所以这样选择六个专题来分别讲授军事思想这章的内容，是存在难以克服的问题的。

笔者曾经给一些高校军事教师讲授军事思想这一章内容提出过专题选择设想：第一讲"军事思想概述"，第二讲"《孙子兵法》简介"，第三讲"毛泽东军事思想概述"，第四讲"毛泽东积极防御战略思想"，第五讲"毛泽东人民战争思想"，第六讲"新时期党的军事指导理论创新发展"。军事思想概述这一专题，主要是让学生了解什么是军事思想、军事思想有何作用、军事思想发展的简要历史，对军事思想有一个总体的了解；而毛泽东军事思想博大精深，有必要展开来讲。而且讲毛泽东军事思想有大量的参考材料，有丰富的战争实践和国防建设实践，生动的战例事例特别多，比较好讲，学生也非常喜欢。但由于课程时间有限也不宜讲得太多，所以应当精选毛泽东军事思想概述、毛泽东积极防御战略思想和人民战争思想这三个专题来讲。毛泽东军事思想概述这一专题，主要是讲毛泽东军事思想形成发展过程、科学内涵与理论体系、地位作用与现实意义。人民战争和积极防御思想是毛泽东最重要的军事战略思想，是人民军队克敌制胜的法宝，也是我们未来保卫祖国的反侵略战争和维护国家安全军事斗争克敌制胜的法宝。这两个专题，不但要讲清楚毛泽东人民战争思想和积极防御战略思想的形成发展、科学内涵、主要内容和地位作用，还要讲清楚信息化战争条件下为什么要继承和发展毛泽东人民战争思想和积极防御战略思想。邓小平新时期军队建设思想、江泽民国防和军队建设思想、胡锦涛国防和军队建设思想和习近平新时代强军思想，则通过"新时期党的军事指导理论创新发展"这个专题来讲，主要是要讲清楚从邓小平到习近平这几代党的领导集体领导国防和军队建设过程中，我党的军事指导理论是如何创新发展的，各自解决了什么样的国防和军队建设主要矛盾，提出了什么样的国防和军队建设重大理论，各自有什么地位和作用等基本问题。

但是由于不具体展开讲邓小平新时期军队建设思想、江泽民国防和军队建设思想、胡锦涛国防和军队建设思想以及习近平新时代强军思想的形成发展与具体内容及地位作用，学生又难以掌握中国军事思想在不同时期的创新与发展，不会了解不同时期中国特色军事思想的不同地位作用。而且宏观地讲新时期党的军事指导理论创新与发展，两节课中要把从邓小平到习近平的四代党的领导核心为代表的中国当代军事思想讲明白，也非一般的军事理论专家能够办到的。对于各位普通高校军事教师而言，就是拿着这个课的讲稿和课件照着读完，那也是非常困难的事情。所以笔者进一步建议各位军事老师，在选择军事思想这一章的教学专题时，只需要重点讲军事思想概述、《孙子兵法》简介、毛泽东军事思想概述、毛泽东积极防御战略思想、毛泽东人民战争思想、习近平新时代强军思想这六个专题即可，其他内容则让学生自学，或制作一些"慕课"让学生网上学习即可。这六个专题讲好了，也基本达到了军事思想这一章的教学目的了。

第三章"国际战略环境"。许多高校是这样选择国际战略环境这一章的专题的：第一讲"国际战略环境概述"，第二讲"国际战略格局"，第三讲"我国周边安全环境"。这三个专题，其实就是这一章中的三节的内容。既有理论，又可以联系现实来讲，也有大量的历史材料充实到专题之中，所以这一章的内容比较好讲，按照大纲要求就能讲好，学生也比较喜欢这一章的内容。

但这种专题选择也存在问题：一是把"国际战略环境"这一章拆分为"国际战略环境概述"和"国际战略格局"分别来讲，对于老师来说，如果不具备战略学知识，没有比较深入的研究，没有办法把这两个理论性和现实性非常突出的问题讲清楚。笔者听过不少军事老师的课，发现他们对于这两个专题的讲解，理论把握是有问题的。所以笔者并不赞成分开讲，而主张把"国际战略格局"这一讲融合到第一讲中，就叫"国际战略环境概述"，或者叫"国际战略环境与国际战略格局"。这一讲，从战略是什么讲起，然后讲国际战略环境是什么、国际战略格局是什么、二者有何区别，然后分别讲一下国际战略格局的发展过程与趋势，再综合讲讲当前的国际战略环境与国际战略格局的主要特征与发展趋势，这样宏观地讲就可以了。二是"我国周边安全环境"这一讲，内容比较庞大，一个专题是讲不清楚的，尤其是对于当前我国的海洋安全形势等热点问题，只能蜻蜓点水地涉及，难以让学生全面了解我国面临的安全环境，也没有办法让学生深入地思考中国的安全形势与对策问题。

所以可以变通"国际战略环境"这章的教学专题为：第一讲"国际战略环境概述"，第二讲"我国周边安全环境概述"，第三讲"中国海洋安全形势与思考"。这样设置的好处是，既宏观介绍国际战略形势问题和中国面临的安全环境的总体形势问题，又可以把中国面临的最突出的海洋安全形势与思考讲得有深度，有理性的思考。当然，根据形势的变化，还可以随时调整讲一些热点问题的专题，如钓鱼岛问题、朝鲜核问题与中国国家安全、印度对中国国家安全的影响等。

总之，设计"国际战略环境"这一章的教学专题，笔者认为"国际战略环境概述"和"我国周边安全环境概述"两个专题是必须讲的，其他热点问题，可以灵活处理，既有理论讲授、宏观安全环境和形势的介绍，又紧贴当前的热点讲授，学生喜欢听，老师的课也更加具有现实性，并促使我们不断观察安全形势的变化，增强我们研究理论和现实问题的热情。

尤其是教思政〔2018〕1号文件强调要加强大中小学国家安全教育，笔者认为，今后各位老师在上这一章内容时，应当多选几个国家安全领域的重大问题来充实本章的教学专题，诸如我国的海洋安全、国土安全、军事安全、太空及网络安全，都是非常好的教学专题。

第四章"军事高技术"。多数学校是选择这五个专题来讲本章内容。第一讲"军事高技术概述"，第二讲"现代侦察与监视技术"，第三讲"精确制导技术"，第四讲"隐身伪装技术"，第五讲"军事航天技术"。当然，由于授课时间有限，这五个专题不一定都讲。但是许多老师，尤其是军队转业干部到高校当军事老师，一般喜欢讲这五个专题，甚至还对教材中介绍的其他技术，包括当代主要国家的主战兵器、新概念武器等都作为专题来讲，有的还讲了"新军事变革"这个专题。学生最喜欢的军事理论课，主要是军事高技术和武器装备。许多老师也喜欢讲这一部分，而且有的占了军事理论课程一半以上的内容。

但这种专题选择也有问题：一是过多讲授军事高技术，其他理论课就没有时间讲了。二是与军事理论课教学大纲的设计理念不符，诸多军事高技术只占一章的比重，说明大学生对于军事高技术知识的掌握，也仅仅限于了解而已，不是军事理论课程的重点。三是过多讲授军事高技术，达不到让大学生树立应有的国防观念和掌握必备的军事理论知识的目的。所以军事高技术专题不能在军事理论课程中占太大的比重。

笔者个人认为，"军事高技术"这一章，其实只需要讲三个专题就够了，即只讲前三个专题。其他专题可以备用，或者针对不同的班级讲不同的军事高技术专题，以提高教师对该章内容的全面把握。之所以这样选择专题，笔者觉得概述是必须讲的，要让学生了解什么是军事高技术、军事高技术对现代战争有何重大影响，让学生从整体上把握当代军事高技术的发展和影响。另外，现代侦察监视技术和精确制导技术是信息化战争中最重要的军事高技术，信息化战争主要解决两大技术和武器装备问题，一是"看得见"的问题，二是"打得准"的问题。所以前三个专题必须讲，不能少，而其他技术和武器装备问题，可以巧妙地融合到这三讲中即可。

当然，"军事高技术"这章的专题，也可以讲现代侦察与监视技术、伪装与隐身技术、精确制导技术、新概念武器这四个专题。军事高技术概述不讲，让学生自己看教材就可以明白了。除了讲现代侦察监视技术和精确制导技术，把"看得见"和"打得准"的问题讲明白后，还要讲一个伪装与隐身技术，解决信息化战争中"藏得住"的问题。当代军事技术发展可谓日新月异，各种新概念武器不断出现，既对作战方式产生重大影响，也深刻影响着世界各国军事改革和军事理论的发展，因此，介绍一下新概念武器也是非常必要的。根据笔者长期讲授军事理论课的经验，讲好新概念武器这个专题，学生是特别喜欢的。

第五章"信息化战争"。多数高校的选择是讲两个专题：第一讲"信息化战争概述"，第二讲"信息化战争与国防建设"。在"信息化战争概述"中，主要讲信息化战争的定义、特征、发展趋势等问题；在"信息化战争与国防建设"这一专题中，主要是讲我国面向信息化战争需求的国防建设方面的思考，对于大学生把握我们国家的国防建设问题是非常有益的。

当然，有的学校因为时间关系或者老师不擅长讲信息化战争理论，而采取了变通的方法。主要是讲信息化战争概述和海湾战争、伊拉克战争等若干个现代高技术局部战争的战例。用这种变通方法来讲"信息化战争"这一章的专题也是可取的。笔者认为各位老师可以根据自己的特点和学校的课时安排，选择一两个战例专题讲授即可。

再谈谈笔者建议的军事理论课专题选择。

通过笔者长期在军队院校的军事理论教学经验与思考，以及给大学生上军事理论课的体会和对大纲的理解，笔者给各位老师提供20个军事理论课专题，供大家参考。各位老师可以针对自己的特点和学校课时安排来选择其中的一些专题授课，组成一个比较适合自己而且学生也比较喜欢的较好的军事理论课程体系。

第1讲：国防与国防教育概述

第2讲：中国国防历史与经验教训

第3讲：军事思想概述

第4讲：《孙子兵法》简介

第5讲：向《孙子兵法》学习智慧

第6讲：毛泽东人民战争思想及其发展

第7讲：毛泽东积极防御战略思想历史发展与运用

第8讲：新时期党的军事指导理论创新与发展

第9讲：习近平强军思想解读

第10讲：国际战略环境概述

第11讲：中国周边安全环境概述

第 12 讲：中国海洋安全形势

第 13 讲：维护中国海洋安全的战略思考

第 14 讲：现代侦察与监视技术

第 15 讲：精确制导技术

第 16 讲：伪装与隐身技术

第 17 讲：新概念武器

第 18 讲：信息化战争概述

第 19 讲：信息化战争与中国国防建设

第 20 讲：如何打赢未来信息化战争

  这 20 个专题，既涵盖了大纲所规定的知识要点，也能够真正起到打牢大学生军事理论基础、培养国防意识和提高国防素养的国防教育目标。上述专题，笔者在大学生军事理论课程中都讲到了。当然，各位老师还应当结合自己和学校的特点有所取舍，并结合国际国内形势的变化，尤其是热点问题，及时调整一些专题，或者在各个专题中把最新的军事与国际形势的变化，补充到各个专题之中。例如，各位老师在"国际战略环境"这一章中，把海洋安全、太空安全、网络与电磁空间安全这些问题作为多个专题重点讲，学生会非常喜欢，也能够使我们的军事理论课真正"高大上"起来。

  笔者在教学中，对上述专题不断精益求精，及时把最新的内容补充到课件和教案之中，获得了非常好的教学效果。学校专家组听课督导，给予了优秀评价，学生网上评价，也年年给予优秀评价。笔者 2014 年参加教育部首届军事教师军事训练营的军事理论课教学展示，获得了一等奖，还获得了 2017 年度南京大学教学成果奖一等奖。这些成绩的取得，说明按照这样的思路来构建和完善军事理论课程体系，学生和学校专家组是认可的，教学效果也是非常好的。

  对上述关于军事理论课程专题选择问题，笔者小结为四个方面的要求：第一，尽量涵盖大纲和教材各章中的基本理论和知识要点。不要有的章讲得太多有的讲得太少，各章选择上相对平衡为好。第二，突出主要军事高技术和国际热点问题。第三，结合学校特点和自身特长灵活变通。第四，采用"微课""翻转课堂"等新教学模式为有益补充。原则上好懂的基础理论以自学为主，不易自学的内容以精讲为主，热点问题和分歧问题研讨以交流为主。有的问题不必要在课堂上浪费时间来讲，但对于学生的学习又比较重要的内容，教师可以录制一些短视频或"微课"作为课堂教学的补充。

这里要特别强调一个问题：在当代教学改革的冲击下，一些高校现出了缩短军事理论课教学时间、压缩教学内容、降低教学要求，甚至以讲座、播放教学视频、用网络课程代替军事理论课堂教学等倾向，这与《国务院办公厅中央军委办公厅转发教育部总参谋部总政治部关于在普通高等学校和高级中学开展学生军事训练工作意见的通知》（国办发〔2001〕48号）规定的："军事理论采取课堂教学的形式进行……普通高等学校本、专科的军事理论课教学时间为36学时……"的要求明显相悖，也不符合《国务院办公厅中央军委办公厅关于深化学生军事训练改革的意见》（国办发〔2017〕76号）规定的"坚持把军事技能训练和军事理论教学作为普通高等学校学生的必修课……学校要严格按纲施教、施训，严禁以任何理由和方式调减军事训练教育内容和时数……坚持课堂教学和教师面授在军事理论教学中的主渠道作用，重视信息技术、多媒体技术和慕课、微课、视频公开课等在线课程在教学中的应用和管理"方面的要求不符合，更不符合《中华人民共和国兵役法》《中华人民共和国国防法》《中华人民共和国国防教育法》的相关要求。

因此，我们普通高校军事教师应当以这些文件为依据，坚决抵制调减军事理论课教学时数和内容的做法。一方面，我们自己不能主动用网络课程和"微课"、讲座等形式来代替和冲击军事理论课的"课堂教学和教师面授在军事理论教学中的主渠道作用"；另一方面，也要积极探索"慕课"、"微课"、视频公开课等在线课程在教学中的应用和管理，让这些在线课程作为军事理论教学的有益形式和必要补充。同时，我们也应当按照76号文件的要求，不断改进军事理论教学，"充实新军事理论、新装备介绍、国家安全、领土主权和海洋权益热点问题分析等内容，大力宣传实现中国梦、强军梦的目标要求，弘扬人民军队的英烈精神、光荣传统和优良作风，增强学生的英雄情怀、社会责任和国防观念"。只有不断改进军事理论教学内容，重视探索"慕课"、"微课"、视频公开课等在线课程在教学中的应用和管理，才能真正把军事理论课上好，达到国家在高校开设军事理论必修课程的教育目的。

综上所述，军事理论课程中的专题选择，是军事理论课程的总体设计，只有搞好这个总体设计，我们才能建立起比较科学合理的课程体系。笔者认为，上好军事理论课首先是要在课程体系的总体设计上下工夫。

二、如何设计教学内容

选择好授课专题后，我们需要进一步精心设计教学内容。上好军事理论课，最为关键和最为基础的环节就是设计教学内容，通俗地讲，一是如何准备教案，二是如何制作课件。笔者就这两个方面，分别谈点体会供大家参考。

首先，谈谈如何准备教案的问题。

演员要表演好，好的剧本是前提。老师要讲好课，好的教案是前提。所以我们要认真备课，准备好一份高质量的教案。如何准备一份高质量的军事理论课教案呢？笔者的体会主要有以下四个方面：

第一是要像写书和学术文章一样写教案。笔者发现许多老师准备教案，仅仅把撰写教案只当作是准备教案，不肯在学术性和理论性上下工夫。笔者的体会是，这种态度有百害而无一利。笔者的许多课，是从自己的学术文章和书稿而来，有的教案当学术文章发表了，有的教案后来也变成了自己学术著作的部分内容。比如笔者讲的《孙子兵法》战略思维、战略文化与企业战略管理等课程的教案，多数是自己已经发表的学术文章转变成的。笔者出版的《悦读孙子兵法》教材，就是自己多年来的教案改编成书的。本讲中所讲的内容，也是根据笔者给一些普通高校军事教师培训讲座内容改编的。

笔者在军校当教研室主任期间，要经常组织老师试讲，第一个环节就是审查教案。笔者发现一些老师准备的教案，语言风格像讲话稿，内容像漫谈或散文，没有学术性和理论性。所以笔者给老师们提出的要求是，教案一定要按照学术文章和书稿的标准写，从理论性、学术性到语言风格，以及注释，都必须符合学术文章和书稿的规范和要求。通过这样的实践，笔者军校的年轻老师们，都迅速掌握了撰写学术文章和学术著作的能力。高质量的军事理论课教案，不管是技术类的还是理论类的，都应当严格按照撰写学术文章或书稿的要求来撰写。

第二是善于分解问题，设计好教案提纲。按照学术文章和书稿标准撰写教案是总的要求，如何实现呢？笔者的体会是首先要把教案提纲设计好。设计提纲，关键在于分解问题：第一步，准确表达教案题目；第二步，把题目分解为若干个大标题；第三步，把大标题进一步分解出下一级标题；第四步，检查分析，按照一定的逻辑顺序排序。以笔者所讲的"毛泽东积极防御战略思想"这一课为例，撰写教案提纲的要领如下：

第一步，准确表达教案题目。这一课的教学目的是让学生了解毛泽东积极防御战略思想是如何形成发展的，在不同时期是如何调整和运用的，我们的积极防御战略思想与其他一些国家讲的积极防御思想有何差异，我们未来还要不要坚持和发展积极防御思想，所以首先就得准确概括出教案的标题："毛泽东积极防御战略思想历史发展与运用"，这个标题既非常准确，也具有学术性。

第二步，把题目分解为若干个大标题。从理论的内在内容和笔者想要讲的问题构思，对这一课列出了四个大标题：积极防御战略思想的科学含义；在战争年代的形成与发展；在建国后的运用与发展；对积极防御战略思想的几点认识。这四个问题，就是笔者想要讲的具体问题。

第三步，把每一个大问题，又分解为若干方面。（具体标题略）

第四步，按照时间顺序，或者理论的内在逻辑性来排序。笔者依据毛泽东积极防御战略思想发展与运用的时间顺序把各个问题排序，从而提出了这个课程的完整提纲。

通过上述四个步骤，把大问题逐层分解为小问题，设计出了比较理想的提纲后，就可以动手撰写教案内容了。

许多人写文章和教案，不注重查阅资料，不做学术研究，"拍脑袋"列提纲，撰写的教案逻辑上就比较混乱，更谈不上学术性和理论性。所以我们撰写教案和学术文章，第一个重要的工作就是要把提纲列好，列提纲一定是从题目拟定开始，然后逐层分解问题提出一个多层次的提纲。而真正动手撰写教案和文章时，则是反过来，从最底层的问题开始论述，把小问题论述清楚了，上一级标题的大问题自然就论述清楚了。各级提纲的标题论述清楚了，整个题目就论述好了。

第三是合理选择材料，准确、恰当地论述。撰写教案，仅仅凭教材的内容是没有办法讲课的，需要我们查阅大量的文献资料，做理论上的准备。但是材料多了后，许多人反而不会写教案了，所以我们要把握以下五个方面的问题：

一是材料要准确，够用就行。当我们面对大量的材料时，如何取舍呢？当然首先是材料要准确。例如，网上的一些资料未必准确，我们要通过其他材料相互佐证，一定要用准确的材料。另外，在准确的前提下，不要什么材料都用，因为一份教案一般字数在1万到1.2万字，最多1.5万字。两节课不可能讲太多的内容，所以材料选择是够用就行，一定要懂得取舍。

二是教材观点和自己的学术观点相结合。讲课内容既要以教材为依据，又要超越教材。所以我们搜集到相关文献资料后，撰写教案一定要以教材为主要依据，适当借鉴学术界的理论和观点，同时也要有自己的学术观点，要把这几方面融合起来。否则教案要么太干巴，学生不愿意听你照本宣科；但全是自己的观点，未必正确和权威；全是别人的观点，完全是"拿来主义"，也不可能有自己的理解和深度。所以一份好的教案，基本的要求是基于教材而又超越教材；借鉴别人的观点再加上自己的独特观点和分析。一句话，就是以教材为依据，借鉴别人的，加上自己的。

三是举例简练，能说明问题就行。我们常用举例来说明道理，既能够把理论讲清楚，也能够引起学生听课的兴趣。但是讲理论课不是讲战例课，不是讲故事，不需要把事例全面展开讲，否则既浪费时间，也没有必要。只要点到为止，关键是能够恰到好处地说明问题。这就需要我们把战例或案例吃透，要用自己的语言和表述方式表述出来。

四是注意转承过渡，前后照应。我们写文章和撰写教案，都应当注意这一问题。许多人写东西，上一问题与下一问题之间没有过渡，观点与观点之间没有联系，让人看不明白，听不懂。所以一定要注意过渡，前后一定要照应。

五是转换语言和表述风格把教案变成讲稿。笔者在军校当教研室主任期间，要求教研室老师撰写教案要按照学术文章和书稿标准来写，这也带来了一个问题，就是许多年轻老师说按照学术文章和书稿来讲课，不好讲，或者讲了听众很难听懂。笔者刚当老师时，也遇到这个问题，把学术性的东西照搬到课堂上的确不行，自己讲得别扭，听众听着也不舒服。所以我们在撰写好教案后，还要进行语言和表述风格的转换，把教案转变成讲稿之后，才能真正用于上课，这主要把握以下四点：

其一，把书稿式的教案加上一些口语化的内容。笔者一开始解决这个问题的办法，就是把书稿式的教案另存为一个文件，然后进行修改，主要是把一些书面语言，适当地转换为口语，也可以加上一些口语化的过渡。一开始应当这样做，讲课多了后，这一过程可以省略，因为我们一看到教案稿，就可以熟练而且自然地转换。

其二，把一些书面表达和学术语言用口语和讲话的表达方式再转换一下。我们讲理论课、技术课尤其是军事理论课，必须运用学术语言、用书面语言，尤其是必须用军语和技术术语，但只讲学术性的和书面表达的语言、军语，听众不好理解，所以我们用书面语言和学术语言讲了问题后，还应当用口语和口语表达的方式来重复或解释一下。如果不善于临场变化，我们可以在改造教案时，事先把这个工作做了，讲课时用讲稿就不会感到吃力了。

其三，对古语加上白话文备注。我们撰写书稿和学术文章，对引用的古文是不需要解释的，但讲课时学生未必都听得懂。所以我们除了引用古文，还要用白话文进行翻译。如讲《孙子兵法》，讲古代军事思想，用大量文言文是必不可少的，这就需要我们修改教案时，加上白话文备注，方便自己讲课。如果没有备注，讲课时想不起来如何翻译，课就难讲了。

其四，对讲述问题的逻辑排序进行调整。我们撰写学术文章和书稿，各问题的逻辑顺序一般是按照理论的内在逻辑关系来排序的。但有时讲课时完全按照这种逻辑顺序又让听众不好理解，所以我们应适当照顾听课习惯，把逻辑顺序变化一下。讲授的逻辑可以先总后分，或先分后总。先总后分，就是先总体介绍或总结出要点，然后分开讲述；先分后总，就是先分几个方面讲述，然后总结一下。这两种讲述逻辑，可以交替着使用，以方便讲和理解为原则。

或许读者朋友看了上述四个方面的撰写教案的体会后，可能产生一个疑问？既然学术文章和书稿式的教案还需要转换，为什么不在撰写教案时直接按照讲稿的要求来写呢？实际上也是可以的。如果你并不想把教案变成文章发表，当作书稿使用，完全是可以这样写的。但是如果你精心备了一课，有许多学术创新，你要想把口语化的教案转换成学术文章和书稿，那难度就更大了。所以撰写教案，不如直接按照书稿和学术文章的要求来写，再转换成讲稿，对于不熟练的人来说也并不费事，对于熟练者来说，这一转换工作则根本不需要，讲课时即兴转换就可以了。笔者主张大家撰写教案要按照学术文章和书稿的方式和要求来写，这样可以锻炼自己的研究能力和撰写学术文章、著作的能力。这是一个事半功倍的办法。如果撰写教案经常用撰写讲稿的方式写，时间长了，习惯改不了，撰写学术文章的能力会急剧下降。因为经常用口语化的语言写东西，不符合学术规范，最终难以写出好的学术文章和著作。

再谈谈如何准备课件的问题。

现在是信息时代，教学几乎离不开多媒体课件。对于许多老师来说，可以没有教案，但不能没有课件。如果没有课件，老师们就不会讲课了。近年来，笔者给大学生讲的所有的课，包括举办的各种讲座，都不是先写教案，而是直接制作课件，边做边在课件的备注栏中写下自己要讲的内容要点，课件制作好了，整个教案也自然形成了。但讲比较复杂的理论问题，还是应当先撰写教案，然后按照教案来制作课件。尤其是建议各位老师，一般应当按照上述撰写教案的经验准备好一份高质量的教案，然后再依据教案来制作课件。

如何准备课件呢？在此只以制作PPT课件为例，谈一些体会和实用的技巧。

第一，条理清晰、美观好看。这是制作课件最基本的要求。在军队院校，老师制作的课件如果不美观，条理不清晰，是不让上讲台的。所以笔者听了许多军队院校老师和地方高校老师的课后，有一个对比，军队院校老师制作课件的要求和水平普遍高于地方高校老师。

课件的基本要求，首先一定是要美观好看。要让自己的课件美观好看，有几个要点：一是选用或制作几个好看的模板，使整个背景美观大方；二是要对文字和图片做些必要的处理，使文字和图片相互映衬；三是整个构图安排要和谐。这个也不难，PPT中预置了许多设计方案，可以说是傻瓜式的，选择适合的就可以了。尤其是PPT中插入的图片，应当用PPT图片工具中的柔化边缘效果等简单处理一下，效果会更好。

课件条理清晰也是非常重要的。因为我们看文字稿和听课不一样，看文字稿容易看明白的各个问题之间的条理性和内在逻辑性，听课时并不容易明白。我们经常听课，就会发现自己难以抓住对方讲的问题之间的关系，尤其是听课过程走神了，再听讲时就不知道老师讲到哪里了。所以我们制作课件，一定要比较清晰地反映出各个问题之间的关系。这样逻辑关系清晰的课件，既便于老师讲授，也便于学生理解。

第二，用好动画和切换设置增强效果。无论是微软各种版本的 office 软件、微软的 Office365 软件，还是国产的 wps office 和永中 office 软件，都是比较好的制作 PPT 的软件。其中都有动画和切换效果工具菜单，有许多动画和切换效果选项，大家要在自己的课件中用好这些效果。

笔者发现许多老师不喜欢用或不会用动画和切换，所以制作的课件，显示效果非常差，尽管 PPT 制作得比较漂亮，但没有动画和切换效果的变化，每一张 PPT 出来时内容和图片全出来了，既体现不出条理性，也非常单调。所以建议大家制作 PPT 时，边制作边要设置好动画和切换效果，这可以增强课件的条理性和显示效果，既方便自己讲课，也方便听众观看和了解课程内容的内在逻辑性。

第三，用好 PPT 的备注和双屏显示功能。笔者发现许多老师上课有两个很有意思的现象：一是拿着教案、书本或卡片上课，几乎是读稿子，不但效果不好，甚至还让人怀疑老师的水平；二是主要精力不是用在准备教案和课件上，而是花了大量的时间在记教案，上课时一旦想不起来，非常尴尬。其实用 PPT 上课，完全不应该出现这两种情况。如何解决呢？就是要充分利用好 PPT 的备注和双屏显示功能。

前面提到的制作 PPT 的软件中，许多人可能没有注意到它们都有备注栏，不知道它的妙用。其实这个备注栏就是给我们写备注用的。简单地说，你可以把每一张 PPT 中要讲的内容要点输入进去，或者把教案中的对应的内容复制粘贴进去。也可以把讲到这里，你想提问，想讲个笑话活跃气氛，想提醒自己可能扯远了，要加快讲课节奏了等等提示性内容，都可以加入备注栏里。这样，上课时就再也不用带打印的讲稿、卡片和教材了。

双屏显示功能有什么用呢？许多人也没有注意到。简单地说，就是你通过简单的设置后，你播放的 PPT 在电脑上和投影仪上显示的是不一样的内容。听众看到的是没有备注内容的幻灯片，你自己在电脑上看到的是加上自己的备注内容的。学会用这个功能，从此再也不用花许多时间去背教案了，只需要全力以赴准备教案和课件就行了。

如何实现双屏显示？办法很简单，两步操作即可实现双屏显示。对于老旧电脑来说，有的没有这个功能，实现不了。但大部分新一些的台式机和笔记本电脑都是可以实现双屏显示功能的。

第一步，在电脑桌面空白处点鼠标右键进入桌面属性设置，设置分辨率、选择多个显示器等选项，然后点应用或确定。第二步就是在PPT的幻灯放映工具菜单中，点设置幻灯放映选项后，出来的对话框中，在放映显示选项中选择显示器2，这时要注意一点，如果选择错了，学生看的和自己看的正好就搞反了。再就是要把显示演示者示图选项一定要勾选上，这一项不能忘记了。这样就设置好了。注意的是，有的老式电脑必须接上投影仪才能操作，一些比较新的电脑则不接投影仪也可以实现上述操作。

还有一种双屏显示设置方法，就是直接在PPT中通过幻灯片放映设置工具设置，它有向导，按照提示一步一步操作就可以了，但记住显示演示者示图选项一定要勾选上，否则放映不出来；有的新出的笔记本电脑的设置更加简单，只需要在放映幻灯前同时按Windows键和字母P键，出来一个图形框，选择"扩展"这一选项就可以实现双屏显示了。其他选项同前面讲的一样。网上也能够搜索到许多关于双屏显示设置的方法，可以参考。

总之，不同品牌的电脑，设置方法不太一样。设置时可以看PPT中的帮助文件，查看其双屏显示功能如何设置即可。其实操作都非常简单，而且电脑越新，PPT版本越高，设置越简单。大家学会了这个办法后，配合备注栏的使用，完全可以不用带书本和教案上课，也不用再背教案了。节约出来的时间，我们可以更好地备课和搞学术研究了。

三、如何讲授好理论课

选择和确定专题、准备好高质量教案和课件，已经为上好军事理论课打下了良好的基础，但在课堂上能否讲好一堂军事理论课，还需要把握好以下几方面的问题：

第一，注重理论性和学术性，不要一味迎合学生。

笔者观摩过许多老师给大学生上军事理论课，也参加过一些授课竞赛评比。发现一个普遍问题是，老师为了迎合学生，或者为了追求课堂效果，用了许多方法和技巧，比如讲笑话、讲故事、唱歌、放视频，在课件上插入一些搞笑图片，不断地与学生互动、等等。总之是手段多样，让人眼花缭乱。这些课看起来很受学生喜欢，效果不错。但最终学生给出的评价并不好，在许多学校里，军事理论课被学生评价为"水课"。为什么会这样呢？笔者觉得原因之一就是老师们的课是一味迎合学生兴趣，不注重理论课本身的理论性和学术性。简单地说，就是没有思想性，只有趣味性，最后学生明白了，这种课就是没有品位的课。

笔者建议各位老师讲授军事理论课，首先要突出理论性、学术性，提高课程的思想品位、哲学品位、历史品位、逻辑品位。在这个前提下，适当运用各种方法活跃课堂气氛、调动学生讨论、交流的热情。须知理论课是靠思想和逻辑征服人，而不是降低品位迎合人。

解决思想品位问题，靠平时多研究多学习，认真准备教案和课件；解决逻辑品位问题，靠把握好条理性、讲述问题时有必要的过渡、转承和前后照应，尽量减少不必要的重复和习惯性的口头禅。尤其是重复和口头禅问题一定要注意，多了会让听众感觉很累很压抑。各位老师不妨给自己讲的课录音录像，经常听听看看自己讲的课，有助于改掉许多平时注意不到的习惯和坏毛病。

第二，多向名师、名课学习，形成自己的风格。

笔者比较喜欢看《百家讲坛》，也经常看一些网上的视频公开课和"慕课"。笔者发现许多名师和名课，其实都是各有特点的，很难说谁的讲课艺术更高明。比如王立群讲《史记》，故事讲得不是特别生动，但非常有条理，而且有自己的学术观点，非常受欢迎；易中天讲故事非常生动，讲理论也像讲评书一样生动；于丹讲庄子讲诗词，像播音员一般，字正腔圆，而且几乎没有一句废话和口误。还有的公开课和"慕课"，老师只管娓娓道来，根本不和学生互动交流，纯粹靠思想性和逻辑性征服人，也非常让人佩服。

总之，名师的名课，都是各有风格和风采的，对于听众来说也是青菜萝卜各有所爱。我们军事教师要提高自己的授课艺术，应该多向公认的名师学习，也多向身边老师学习，在模仿和借鉴中形成自己独特的风格。有了独特的个人风格和魅力，就有了较高的授课艺术。一切的课堂讲授技巧和活跃气氛的方法，应当有机融合于自己的风格之中。

第三，真正运用好多媒体相互配合增强授课效果。

现在上课都强调运用多媒体技术。但是笔者发现一个现象，许多老师上课，除了课件之外，就没有别的手段了，这样多媒体其实就变成了单一媒体了。

上课运用多媒体，其实就是多种媒体的综合运用，而不仅仅是 PPT 演示。我们上课时，制作了课件，应当适当插入一些教学视频，讲不清楚的问题，可以在之后用视频给大家加深印象和理解，或在播放了视频后再讲，这样效果才好。比如讲智能地雷，无论你怎么讲，学生也没有直观的印象，插入一段视频，让学生看看抗日战争时期的地雷战，再看看现在的智能地雷视频，大家就懂得了军事科技是如何日新月异和影响战争方式方法了。

笔者给学生讲《孙子兵法》，讲解了一篇后，就给他们放网络上搜集的动画版的《孙子兵法》视频，学生对《孙子兵法》就理解得更好了，而且学习兴趣也非常高。另外，我们以前常用的板书，现在许多老师已经不用了，笔者觉得讲课时还是应当用起来，不一定全面写，简单写几个字，不仅让学生加深印象，而且优美的书法还能极大提升老师的人气。笔者有时给学生讲可以看看笔者的博客和 QQ 日志，有时把自己写的诗词写在黑板上鼓励学生，学生对笔者龙飞凤舞般的书法也表示很佩服，不但经常看笔者的博客和 QQ 日志，还经常与笔者探讨诗词。

所以，笔者建议各位老师讲授军事理论课，要综合运用多种媒体手段，相互配合，全方位展示授课内容和个人魅力。

第四，把握好"讲"和"表演"的尺度。

各位老师一定听过不少优秀老师的课，尤其是自己当了老师后，会特别留心别的老师的授课艺术问题。笔者大致总结了一下，有这样几种类型的授课艺术。

一是播音员型。有的老师讲课像播音式的，字正腔圆，不急不慢，如同新闻联播或广播电台播音。二是评书演员型。有的老师讲课像说评书，非常有趣生动。三是演员型。有的老师讲课，像演员表演，非常热闹。四是说话型。有的老师讲课与平时说话区别不大，娓娓道来，非常亲切自然。五是朗诵型。有的老师讲课，尤其是参加一些授课竞赛时，把讲课变成了朗诵，非常夸张和不自然。六是复合型。也就是前五种类型中，融合了两三种类型的特点，兼而有之。

这六种类型的授课方式或授课艺术，到底哪种更加受欢迎呢？可能不同的人看法是不一样的。笔者觉得播音型、评书型、演员型都非常好，但是多数人做不到，因为这都需要有一定的天分，如果没有天分，后天去刻意学习或模仿，不一定能够学好这三种类型。朗诵型的授课，笔者是最不喜欢的，把讲课变得像朗诵散文和诗歌，听起来非常不自然和累。而第六种复合型，就更加难了。就笔者个人而言，更加喜欢说话型，简单、自然，不必刻意去学习，讲课过程中，该说时就说，该念时就念，该表演时就适当变化一下讲话节奏、音量，加点表情和肢体语言就可以了，这种讲课方式简单、好用、自然。

笔者听了不少老师的课，始终觉得复合型这种授课方式应当是主流，否则我们办培训班提高老师授课水平，只需要办这样几个班：播音班、评书班、表演班，再加上一个美术班，把课件做得特别好看。但为什么不办这些"培训班"呢？说明讲课应当是以讲为主，而不是表演为主。但只是没有变化地讲，显然也谈不上有什么授课艺术，所以适当地加上一些表演的成份，加上一些提问题、抖包袱、组织互动交流的技巧，才能算是有授课艺术。因此，要把课讲好，一定是以讲为主，适当加上些表演，把二者的度把握恰当，说得生动、有趣、自然，能够抓住听众的心和注意力，就算是比较有授课艺术了。

当然，提高讲课艺术和效果，不只是要把握上述四点，如提问、讨论、用问题不断引出问题、设一些伏笔和时常抖几个"包袱""卖关子"等，都是常用的方法。各位老师长期教学，都运用自如，在此不过多讨论如何讲授好理论课的问题。

四、如何提高理论素养

前三个问题，谈了如何选择课程专题，如何备课和制作课件、如何讲好课，这些问题虽然重要，但如果老师没有过硬的理论素养，前面提出的各种要求都做不到。对于老师来说，教学和科研是"两条腿"，缺少了哪一条都不行。所以我们要上好军事理论课，工夫重点并不在如何上这方面，而在于如何研究和提高理论素养上。正如宋代诗人陆游所言："汝果欲学诗，功夫在诗外"。我们要真正讲好军事理论课，功夫也不全在钻研和练习如何讲授上，而在于花大量的时间和精力搞学术研究和学习各种理论上。

如何提高自身的理论素养呢？笔者在前面讲"多学习"时提出了多种

建议，是提高理论素养的重要途径。在此针对讲好军事理论课，再提出三个方面的建议供参考。

第一，跨学科学习多种理论，打牢基础。

许多课程，一般只涉及单一学科的理论。但军事理论课几乎涉及所有的军事学科，而且还与政治学、经济学、哲学、历史学、心理学、管理学等许多非军事学科密切相关。如果不掌握多种学科的知识，要想把军事理论课上好，简直太难了。许多老师还对笔者讲，即使努力学习了许多理论知识，认真地备好了一堂军事理论课，反复练习后虽然能够给学生讲得非常好，但也怕学生课堂提问。因为自身的知识储备实在有限，备好的课还能够讲好，但一遇到学生提问，就可能抓瞎了。他们问笔者如何解决这个问题，笔者的回答是：我们从事军事理论教学，一定要跨学科学习多种理论，打牢理论基础和提高理论素养。

如何跨学科又好又快地学习好不同学科的理论呢？笔者的体会和建议是，要在认真阅读"四个一"方面下工夫。这个建议，与前面所讲的"多学习"略有重复，但值得从不同的侧面来加深体会。

一是要选一本介绍该学科的通俗读物或基本教材阅读，迅速了解学科的基本概念、范畴、原理及主要知识体系。如学习战略学，可以选择军事科学院和国防大学主编的《战略学》教材，再看看相关的辅导教材或通俗读物，如国防大学编写的《战略理论学习指南》。读了这些教材或通俗读物后，就能够在这个学科领域迅速入门了。

二是要读一本该学科的学说史，全景式地了解学科发展情况。如果不了解学科的发展史，我们就不知道许多理论观点的继承关系和发展创新情况，就没有办法从事相关学术研究。如学习和研究《孙子兵法》，应当看看《孙子兵法研究史》。

三是要读一些该学科的经典著作选读，了解学科领域主要学术流派、大师的风采，知道学术标准何在。如学习《战略学》，肯定要读毛泽东的军事著作，看看马恩列斯的军事理论著作，还要看看当代一些军事理论家的著作。我们领略了大师的风采，了解了学术的标准，才能有努力的方向。

四是要阅读相关学科或问题的研讨会论文集，了解当前热点、难点、疑点，迅速抓准前沿。搞学术研究和从事教学工作，既要研究和掌握基础理论，也要把握前沿问题和现实问题，如果不读一些学科领域的研究论文集,不了解当前人们研究的关注点在什么地方,不了解学术前沿和动态,也没有办法研究学术问题,更难上好军事理论课。

在这四个方面集中精力大量阅读和研究一些材料,可以更迅速地进入某个学科领域,并有助于撰写出一些高质量的学术文章,备好高质量的课。例如,笔者近年来开设的"胜解《孙子兵法》""《孙子兵法》战略思维"和"海洋安全与海洋安全战略"通识课程,涉及许多学科理论和知识,笔者就是用上述办法来学习不同学科的理论解决理论素养问题的。而且迅速具备了一定的理论素养,不但备课和讲课得心应手,自然也不怕学生提问了,因为掌握的理论、方法多了后,可以迅速运用所学知识和方法来回答学生提出的问题,实在不能回答的问题,老老实实告诉学生自己不会,研究了后再回答,这也是老师应有的教学态度和品质。

第二,多看军事类电视节目,随时更新知识。

跨学科多学习理论知识,以问题为中心构建知识体系搞学习和研究,能够迅速提升自身的理论素养。但长期钻研学术的人,容易把理论搞深搞透,但讲课时难以深入浅出,学生难以听懂。尤其是我们讲军事形势、安全形势、军事高技术,需要大量新鲜的素材,而教材和理论著作,包括学术杂志等提供的材料,往往有一定的滞后性。我们用滞后的材料给学生讲课,显然不合适。如何解决好这个问题呢?笔者建议各位老师要养成一个习惯:多看电视上的军事类节目。

例如,央视4套的《今日关注》《深度国际》,央视7套的《防务新观察》《军事科技》栏目,还有北京卫视的《军情解码》,深圳卫视的《军情直播间》《决胜制高点》《直播港澳台》,河南卫视的《中原国防》和《最前线》栏目,等等。作为军事教师,一定要养成收看这些节目的习惯。因为我们不在军队,要了解军事领域里的最新动态,了解武器装备和军事科技的最新发展,了解国际形势和军事形势的最新变化,只能从这些节目中获得。这些节目内容丰富,时效性强,如果有时耽误了收看,可以下载下来,有时间再仔细观看,甚至可以整理出来,或记录一些有用的信息和观点,我们从事理论研究和讲课,军事节目中的大量素材是可以使用的,其真实性和权威性都远比网络资料可靠。

笔者熟悉的一位大学军事课老师,他几乎把每期军事节目都下载下来,放在手机中,坐车和做饭时都在听,直到听透了再换内容继续听。所以他讲军事高技术课、军事形势课,只做课件,不要教案,因为他对最新动态和各家观点都非常熟悉了，再加上自己的变通，就能把课讲得非常受学生欢迎。

笔者觉得这位老师了解军事形势的方法是一个好办法。尤其是笔者离开军队院校后，了解军队情况的途径少了，于是笔者也学习他的这个办法，效果非常不错。有时跟以前的战友聊天，他们掌握的军事信息和动态反而不如笔者了解得多。如果各位老师也养成看军事节目的习惯，一定可以弥补没有军队生活和不熟悉世界军情这个短板。

第三，要广泛涉猎，多学些"无用"的知识。

前面讲"多学习"时，已经谈了多学习些"无用"的知识助力科研的建议，在此想继续谈谈"无用"的知识助力讲好军事理论课。

讲好军事理论课，需要我们除了具备专业知识外，还应当具备许多非专业的知识，尤其是一些看似无用的知识。这些知识，虽然对于研究学问和上课没有直接的作用，但是改进了我们的思维方式，提升了我们的思维能力，让我们在课堂上能够灵活应变，从这个角度来讲，"无用"的知识其实也是有大用处的。

举几个笔者自己的例子：笔者比较喜欢学习研究一些思维科学理论，有一次在一个学术研讨会上发言后，几个教授说笔者研究战略思维理论，对于他们搞企业管理非常有启发。许多人认为思维理论对于自己研究学科领域的问题没有什么实际用处，而笔者把学习思维科学知识与军事战略理论研究结合，与研究《孙子兵法》相结合，与研究企业战略管理相结合，在这些方面把多学科知识与方法交叉结合运用，在这些领域中都取得了不少研究成果，给MBA讲授的"《孙子兵法》战略思维与企业战略管理"课程也非常受欢迎。

再例如，一些看似没有用的知识，对于我们营造课堂气氛也是有帮助的。有一年的学生军训期间，笔者给学生上军事理论课讲授《孙子兵法》，讲得非常热闹，但因为学生白天军训非常疲劳，晚上上课，还是有一些同学坐得笔直睡觉的。笔者想起一个以前看到的搞笑的测智商的办法，便想以此调节一下气氛。笔者说，大家听了《孙子兵法》，学了一些谋略知识，智慧一定有所提升，让大家鼓掌测智商。大家兴致很高，拼命鼓掌……课后一个女同学问道："老师，我以后要认真学习《孙子兵法》，要不被您忽悠了我还拼命鼓掌呢。"过几天她告诉笔者，《孙子兵法》她看熟悉了，可是还是不会用，也听了几次课，感觉《孙子兵法》没有什么用。笔者说:"你讲了两层意思,一是你没有学好,二是我教得也不好。"她笑而不语,转身问全班同学:"你们说呢?"学生们也和笔者开玩笑道:"老师,我们能考入985大学,智商自然不低,看来还是你教得有问题。"笔者则引经据典应对,"恩格斯曾经说过,假如马克思还活着的话,他一定会对我们说:'我播下的是龙种,收获的却是跳蚤。'看来上985学校的学生也有许多学不好的。"结果大家都很开心。上军事理论课,调节课堂气氛是非常必要的,但不要搞一些低俗的东西让学生笑起来,要用你渊博的知识彻底让学生心服口服。

过了一周再上课时,几个学生又和笔者打趣,说他们把《孙子兵法》都背会了,还是没有能够领悟其精髓,没有明白《孙子兵法》的各种战略智慧和战略思维方式方法。笔者告诉他们:"孟子说过'尽信书,则不如无书'。会背书但不懂得其中奥妙,你们还不如不看书呢,你们的方法太笨了,上了985大学还是那么笨。"他们说,"既然这样,以后我们也不用学习了,反正学不学在你眼里都是笨。"笔者说,古代佛教牛头派有个法融禅师说了:'无心恰恰用,用心恰恰无。'你们搞学习不能没有恒心,没有恒心则一事无成。但又不可太执着了,过于执着,钻了牛角尖也适得其反。"学生们说:"那该怎样把握这个度啊?"笔者说:"中国的古代哲学,都讲一个'中庸',既不要太过,也不要不及,适度就好了。"笔者把自己掌握的各种"无用"的知识都用上了,得到学生们的好评。

讲这些小例子,无非是告诉各位老师,我们要上好军事理论课,必须跨学科学好多种专业理论知识,同时,也要围绕研究的问题来迅速构建几个、几十个乃至几百个知识体系,围绕各种问题的知识体系构建多了,你就成了许多领域的专家了。同时,又学了许多与学术研究和上课似乎关系不大的"无用"知识,你的视野拓展了,应对各种问题的思维方式建立了,上好军事理论课也就是水到渠成的事了。

再给大家举几个诗词在增强讲课效果方面的例子。

笔者平常会有感而发,写些打油诗,一方面自娱自乐,另一方面也将其运用于讲课中增强效果。2013年9月份新生军训期间,笔者写了一首词:

《江城子·致青春》
十年寒窗读书忙,为前程,入学堂。学士博士,勤奋著华章。青春年华能虚度？空悲叹，泪千行。

列强诸弱窥海疆，盛世危，有群狼。巾帼须眉，操场练兵忙。中华复兴当靠谁？青年强，国家强。

这首词，上半阕是鼓励同学们努力学习，莫要虚度了大学中求学的美好时光，不要辜负了自己的青春年华；下半阕是鼓励同学们刻苦军训和学好军事理论课程，提高国防意识，掌握和提高国防技能。笔者用这首词鼓励同学们刻苦学习和军训，希望同学们能够时刻告诫自己两名话："中国强大，有我！""国防强大，有我！"笔者要求学生们要有这样的责任意识，要敢于担当。既要学好知识报效国家，也要提高国防意识保卫国家。

这首词在同学们中间产生了较好的影响，许多同学在军训期间，给我们主办的军训报投稿，写了许多好诗词。而且许多同学军训结束后选笔者的课，就是冲着这首词来的，他们在课堂上不但与笔者探讨军事理论问题，还有与笔者探讨诗词问题的。

我们有时在讲军事理论课时，讲到军事战略问题及关于军事指挥员的思维能力和意志品质时，不一定就军事讲军事，也可以用诗词来举例，让同学们从中学到军事方面的智慧和启迪，学会如何拓展思维和掌握思维方法。

例如，李清照诗曰："生当做人杰，死亦为鬼雄。至今思项羽，不肯过江东。"那是对英雄的敬重，是感慨，是惋惜，也是无奈。李清照的诗中，总是有着无限的忧伤。唐代杜牧有首《题乌江亭》诗："胜败兵家事不期，包羞忍耻是男儿。江东子弟多才俊，卷土重来未可知。"这首诗表达的情怀与道理，远不是李清照的诗所能表达的。这首诗，是讲战略，是讲做事情的规律。我们做任何事情，是不是应当忍辱负重，是不是应当再坚持一下呢？胜败往往就在于一念之差，军事上常说，胜利贵在再坚持五分钟。我们干事情，应当不轻言放弃。电视剧《士兵突击》中许三多说了一句社会上广泛认同的话："不抛弃、不放弃。"这与杜牧这首诗所讲的道理是一样的。笔者有时问学生，学习了军事理论课程后，你们中间还有没有人因为一些事情想不开的呀？有的同学说："不会了！江东子弟多才俊，卷土重来未可知。"有的同学说："不会了！我一定要坚持最后五分钟，不行就再坚持五分钟，永远不抛弃、不放弃！"

军事理论课和军事类通识课中教的学生,在课程评价中曾给笔者写了这样的话:"老师您教会了我们许多军事知识,提高了我们的创新思维能力";也有同学认为,"杨老师您讲的与军事无关的其他知识,对我的用处和启发才是最大的,希望以后上军事课,能够给我们更多的课外知识和启发。"

所以,我们的军事理论课程,不仅要给学生传授军事和国防知识,更要培养学生的坚强与自信。军事教师不多掌握一些与军事理论课相关的"无用"知识,则不可能做到这一点。

上面讲的如何上好军事理论课的建议,归纳起来就是六个方面:深入浅出的内容、美观而条理清晰的课件、自然流畅的讲解、恰当运用多种媒体、适当的互动讨论交流、丰富的课外知识及运用。这六个方面,是构成一堂好的军事理论课的必备要素,缺一不可。而要做到这六点,就必须以勤奋的知识学习和科研做支撑,多研究军事理论问题,多学习一些有用和"无用"的知识,我们才能够真正提高自己的授课效果和水平。

[思考题]
1. 如何奠定上好军事理论课的理论素养?
2. "无用"的知识如何运用于军事理论课堂教学?
3. 如何撰写军事理论课教案?
4. 如何准备军事理论课课件?
5. 如何灵活驾驭课堂教学气氛和提高授课艺术?

第七讲　如何开设军事类通识课程？
——普通高等学校军事教师军事类通识课开设方法

[导　读] 作为一名普通高校军事教师，能够开设几门军事类通识课程，既是加强大学生国防教育的重要手段，也是加强学校军事课程建设的必要举措。如何开设军事类通识课程呢？本专题从课程选题与申报、课程体系设计、课程相关建设、如何提高课程质量等方面，谈些经验与体会。

近年来，笔者先后在东南大学、南京大学、南京工业职业技术学院等学校开设了"军事谋略思维""《孙子兵法》导学""胜解《孙子兵法》""海洋安全与海洋安全战略"及"《孙子兵法译注》导读"等军事类通识课程，通过开设这些通识课程，笔者不但体会到了学生对军事类通识课程的强烈需求愿望，也积累了一些开设军事类通识课程的心得体会。

一、军事类通识课程选题与申报

在我国的普通高等学校中，无论是本科高校还是高职院校，都是鼓励老师开设通识课程的，只是不同的学校，对通识课程的名称和理解是有区别的。有的学校称之为公共选修课程，有的学校称之为自由选修课程或任意选修课程。

南京大学关于通识课程的理解是："通识课程不同于专业课程，专业教育主要关注学生某种专业知识的传授及其职业能力的培养，而通识课程的目的在于通过重组教学内容，对学生进行多方面能力的训练，发展其思维能力，提高学生表达思想、判断和鉴别价值等方面的能力，并以此促使学生的感情和理智都得到发展，使其全面发展，塑造完整人格。""通识课程也不同于素质课程,素质教育更多地强调拓宽学生的知识面,强调提高学生的人文精神和人文素养,以提高大学生的文化品位、审美情趣和人文素养;通识课程的特点在于不同学科的知识相互通融,遇到问题时能够从比较开阔的、跨学科的视角进行思考,收集资料,与人交流合作,达到不同文化和不同专业之间的沟通融合。"[1]

什么是军事类通识课程呢?目前虽然还没有统一的说法,但笔者认为,军事类通识课程,既不同于《普通高等学校军事课教学大纲》规定的军事理论必修课,也不同于一般的军事类素质课程和军事讲座,而是基于大学生需要了解和掌握的军事与国防知识、不以学生须已修读系统性军事专业知识为前提的军事类任意选修课程。一般而言,军事类通识课程跨越多个军事学学科领域和众多非军事学学科领域,对不同学科学生都具有广泛吸引力和思维启发性,能够开拓学生的军事视野、提升学生的战略思维能力、丰富学生的军事文化素养,并增强学生的国防观念、国家安全意识以及综合素质。

军事类通识课程,各高校也是鼓励申报和开设的。但普通高校军事教师要开设一门军事类通识课程,首先遇到的问题是如何选题和申报课程。有的老师说自己学校不鼓励开设军事类的通识课程,自己想开设却难以开设。笔者的感受不是学校不鼓励,而是我们自己选题不好、不会申报的问题。如何搞好军事类通识课程选题和申报呢?笔者认为,要把握好以下四个方面的问题。

第一,选题要学生喜欢,老师能够驾驭。

许多高校开设了《孙子兵法》、军事谋略、海洋安全、信息化战争典型战例、军事高技术、野外生存等军事通识课程,这些课程很受学生喜爱。只要学生喜欢,对于加强学生国防教育有意义,这样的军事类通识课程,军事教师就应当积极开设。笔者在东南大学工作期间,有一次坐校车时听学生交谈,他们说自己在东大最喜欢的课程,就是我们军事教研室一位老师开设的野外生存课和笔者开设的军事谋略思维课。学生的这种评价,给了笔者巨大的鼓舞。后来笔者到南京大学工作期间,又相继开设了多门军事类通识课程,学生评价都在 4.81~4.89 分(5 分制)之间,这说

---

[1] http://jw.nju.edu.cn/EduContentList.aspx?MType=PX-SSZJGZQ-KCZX-XSYTK&MID=root&FType=PX-SSZJGZQ-KCZX&res_type=ecenter.

明学生是非常喜欢笔者开设的这几门军事类通识课程的。

但老师在选择开设的军事类通识课程选题时，也不能仅仅考虑学生是否喜欢的问题，还要考虑老师自身能否驾驭的问题。如果老师在某个课程方面有知识积累，能够驾驭，就可以开设这样的课程。如果自己不具备某门课程的理论功底，最好不要开设这样的课程。勉为其难地开设一门自己驾驭不了的军事类通识课程，不但达不到教学目的，还会被学生称为"水课"的。

第二，选题要紧贴国家和军队重大战略决策或政策。

给大学生开设军事类通识课程，目的是通过课程学习，不但让大学生掌握必要的军事与国防知识，增强国防观念和国家安全意识，拓展大学生的战略视野、提升战略思维能力，还要传承中国优秀传统军事文化，大力宣传实现"中国梦""强军梦"的目标要求，弘扬人民军队的英烈精神、光荣传统和优良作风，增强学生的中华民族共同体意识、英雄情怀、社会责任感和爱国主义精神。因而，开设军事类通识课程，课程选题方面就必须紧贴国家和军队的重大战略决策或政策，要与党中央、中央军委确立的国防教育战略部署和教育目标相一致。

2012年1月28日，中国人民解放军总政治部发布了《中央军委关于大力发展先进军事文化的意见》，2017年1月25日，中共中央办公厅、国务院办公厅印发了《关于实施中华优秀传统文化传承发展工程的意见》，这两个文件就是我们开设《孙子兵法》、军事谋略、中国传统优秀军事文化等军事通识课程的依据。如果各位老师以这些重大战略决策和政策为依据开设相关的军事类通识课程，既容易立项，也是非常有价值的。

2012年召开的党的十八大提出了建设海洋强国战略，党的十九大报告中，习近平总书记强调要加快建设海洋强国。2016年，习近平总书记强调，要加强全民国家安全教育。紧贴这些重大战略决策，我们是可以申报和开设海洋安全教育、国家安全教育、建设海洋强国战略、"一带一路"与中国的海洋安全等通识课程的。

但是大家可能说，这些课程当然好，而且对学生的教育意义重大，可是我不会呀，那怎么开设呢？要告诉大家的是，笔者对于《孙子兵法》、军事谋略和中国传统军事文化包括战略文化等是有深入研究的，开设这些军事类通识课程自然是驾轻就熟的，但是海洋安全、国家安全和建设海洋强国战略等方面的理论和现实问题，笔者也是不太会的，讲几个讲座还容易，但是要讲一门课就有一定的难度了。但是笔者在 2017 年 7 月份就在南京大学申报了"海洋安全与海洋安全战略"这门通识课程，而且是一边备课一边上课，逐步完善这门课程的。学生网上评教的评价是 4.81～4.87 分。这充分说明，笔者和校外几位老师共同开设的这门课程，学生非常喜欢。而且课程中举办的学生论坛，学生的演讲交流质量也是非常高的。

说这个情况想表达什么意思呢？笔者想告诉大家的是：军事教师要讲的课程，不一定是自己会的，只要重要和有意义，就可以想办法开设，可以边学习、边准备、边讲课的。我们军事教师的责任，就是要做对保卫国防和建设国防有意义的事，讲自己原本不会但学生需要和喜欢的军事课程。当然，最保险的做法，还是老师要先进行系统的学习和研究，把课程设计好，把各个专题准备好了再申报课程。

第三，选题要针对学生特点和需求。

开设军事类通识课程，选题和课程要紧贴国家和军队重大战略决策或政策，这是基本的要求。但也可以结合自己学校学生特点与需求，来开设一些军事类的通识课程。

现在的大学生对军事知识有哪些需求呢？笔者在教学中发现，许多学生对武器装备非常感兴趣、对战争题材的影视作品感兴趣、对大学生职业规划和大学生创业感兴趣、对军事谋略和《孙子兵法》感兴趣。结合学生的这些兴趣和需求，就可以开设世界军事强国主战武器装备介绍、《孙子兵法》与大学生职业规划、《孙子兵法》与大学生创业、《孙子兵法》战略思维、军事谋略思维、谍战剧与谋略运用、抗日影视作品中的英雄精神、从战争题材影视作品中学习解放军军史战史等课程。

这些课程紧贴大学生需求，学生们喜闻乐见。例如《孙子兵法》是学生普遍喜欢的，单纯解读《孙子兵法》，笼统地讲《孙子兵法》的思想及应用，虽然也是非常好的一门课程，但是如果针对学生的职业规划或创业来讲，那学生就会更加喜欢了。某高校有位老师开设了《孙子兵法》与大学生职业规划和创业的课程，教学效果非常好；军事谋略理论学生也非常喜欢，但单纯讲谋略是什么和怎么用，对于提高学生的谋略思维能力用处不大。笔者的办法是讲军事谋略思维，以讲谋略思维的原理、方式方法、原则与艺术等内容为主，再用大量的影视作品视频，穿插历史与战史，讲透军事谋略思维理论及启迪，对于提高学生的军事谋略思维能力是非常有帮助的。

针对学生特点来开设军事通识课程也是一个重要的选题思路。有的老师问过笔者一个问题，师范院校和女子学院的女生比较多，她们对军事的兴趣较低，那应该开设什么军事通识课程才能让她们喜欢呢？笔者觉得女生也是崇拜英雄尤其是女性英雄的，也是喜欢看战争题材的影视作品的。针对女学生的这些特点，老师们是否可以考虑开设一门"战争影视作品中的女性英雄形象与英雄精神"通识课程呢？战争影视作品中的女性英雄形象非常丰富，也非常具有激励作用，对女生树立正确的人生观和世界观非常有意义，开设一门专门针对女学生特点的"战争影视作品中的女性英雄形象与英雄精神"通识课程，一定会是非常火爆的通识课程。

类似的选题还有许多，但基本的原则和思路就是要针对自己学校学生的特点。

前面笔者谈了开设军事类通识课程的选题思路。那我们怎样申报一门军事类通识课程呢？

笔者认为，这个申报过程大致可以概括为这样一个过程：多与教务处沟通—选题要吸引人和有意义—组织好教学团队—设计好课程体系—设计好理论讲授和实践环节—设定好开课人数和设计好考核方式—配套教材和教材建设—"慕课"资源运用与开发—课程培训与推广。

我们申报通识课程时，要和教务处多沟通，教务处觉得选题好，是专家组评议通过的重要前提。

选题要吸引人和有意义非常重要。因为有的选题一看就不能吸引人，专家组和教务处估计选课的人不多，也不会同意你开设这样的课程的。但是选题仅吸引人但教育意义不大，教务处和专家组也一般是不会同意你开设课程的。

组织好教学团队非常重要。笔者开设的通识课程，几乎都是自己单独开设，因为南京大学就笔者一个专职军事老师，其他专业的老师也不会讲这些军事问题。但是各位老师开课，一定要组建一个好的团队，几个人分担任务，各自分工准备和讲课，难度相对较小，而且在本校或跨学校组建团队，能够体现这门课程的高水平，比较容易通过申报。

设计好课程体系，是写申报书时必须重点解决的工作，因为课程题目虽然好，但教学内容安排不合理，评审专家组也不可能通过的。

设计好理论讲授和实践性教学环节也是非常重要的。一般而言，一门军事类通识课程，最好既有理论讲授课，也有一些教学参观或学生交流课，有丰富多彩的教学形式，课程申报才比较容易通过。

设定好开课人数和设计好考核方式也很重要。人数限定太少的课不容易通过，人数太多的课不容易开展教学和课堂管理。一般控制在100人以内，但有的课教务处认为肯定是学生非常喜欢的课，把人数控制在100～200人也是可以的。笔者的军事类通识课程，选课人数都控制在200人左右。通识课程的考核方式，最好不要出卷子考试，学生考试不容易通过，也大多不喜欢这种考核方式。笔者的建议是以写论文或心得体会作为考核方式，也可以让一部分学生演讲交流作为考核方式。

配套的教材也非常重要。因为没有教材，学生没有学习材料不好。但是通识课程教材比较缺乏，所以开设几年后，还是应该编写自己的通识课程教材的。笔者编写的《悦读孙子兵法》和《海洋安全教育概论》教材，既可以配合教学使用，也可以推广给别的高校使用，并且能够增加自己通识课程的分量。加强军事类通识课程建设，编写教材是必须的配套工作。

推荐学生从网上看些"慕课"，也是通识课程教学的重要手段，在课程申报书中，应当明确有哪些"慕课"或视频资源可以为本课程所用。有了这方面的内容，申报课程就比较好通过。笔者开设的多门《孙子兵法》课，已经有了自己独立讲授的"《孙子兵法》战略思维""慕课"，所以申报的相关课程都顺利立项了。

课程培训与推广方面的事情，大家在申报书中也可以讲到。笔者申报时讲这些课程通过开设几年发展成熟后，可以通过培训等方式向各高校推广，这也是申报课程容易成功立项的一个重要的砝码。

把握好了上述诸多环节，老师们想要申报的军事类通识课程，一定会获得专家组通过的。

二、军事类通识课程专题设计

在申报通识课程时，需要提交申报书，其中就涉及课程体系设计的问题，如果设计不合理，尽管选题非常好，专家组评议时也难以通过和立项的。申报成功后，在备课过程中也是需要进一步修改课程体系设计的。应当着重把握好以下三个方面的问题。

第一，要根据教学时数、节假日、研讨要求设计好教学专题数目。

学校的通识课程，一般有 1 学分、2 学分和 3 学分的，对应的教学时间要求分别是 16 学时、32~36 学时、48 学时。建议老师们不开设 1 个学分和 3 个学分的通识课程，因为按照 50 分钟 1 节课、连上 2 节课为一次课来算的话，16 学时 1 学分的课，只能讲 8 次课，48 学时 3 学分的课程要讲 24 次课。8 次课讲不清楚什么问题就结束了，而且 1 个学分对于学生的吸引力也不大；而 3 个学分的课程对于学生相当有吸引力，但一学期的教学时间最多只有 18 周，通识课程一般是一周上一次课，所以 48 学时的课一个学期难以上完，跨学期上课就会影响教学效果。所以笔者建议老师们设计课程时，最好是设计为 32~36 学时共 2 学分的通识课程，一周上一次课，一个学期能够轻松上完，甚至一周准备一课，边准备边上课，压力也不是太大的。

确定了 32~36 学时的课程时数后，设计多少个教学专题比较好呢？这需要考虑几个因素：

一是要考虑学校的上课方式。有的学校是 2 节课连上，有的学校是 3 节课连上。2 节课就是 2 学时，3 节课就是 3 学时。南京大学是一次课 2 学时，所以 32~36 学时的课，要设计 16~18 个教学专题。有的学校是 3 节课连上为一次课，最多只能设计 12 个教学专题。根据教学时数和上课方式确定好了多少个教学专题后，就可以进一步设计具体的教学专题了。

二是要考虑节假日安排问题。不同年份和不同的学期，节假日安排是有差异的。在填报教务处通识课程开设的教学计划回执单时，要查阅校历、节假日安排，尽量避开节假日对教学的冲突。有的老师喜欢选择让节假日冲掉 1~2 次课，可以少上些课，但笔者建议各位老师的教学时间安排应当尽力避开节假日，尽量给学生多讲几次课，这样更有利于我们完成预定的教学安排。

三是要考虑自己对课程研讨的安排。有的老师喜欢每次课前让学生发言交流，不在课程最后集中地让学生演讲交流，那么可以满打满算地按照教学时数设计教学专题，讲 12 个专题或讲 18 个专题都是可以的。笔者喜欢课程结束前用 1~2 次课让学生集中演讲交流，所以一般在 12 次课或 16~18 次课中，预留 1~2 次课的时间举办学生论坛，让学生演讲交流。

考虑了这三个因素后,建议 36 学时 3 节课连上,一般设计 10~11 个教学专题,1~2 次研讨交流;32 学时 2 节课连上,一般设计 14~15 个专题,1~2 次研讨交流;36 学时 2 节课连上,设计 16~17 个专题,1~2 次研讨交流。

笔者强烈建议各位老师,在课程结束前开办学生论坛让学生演讲交流。因为平时上课让学生发言,发言质量未必好,没有学好就让学生发言交流,没有多少质量可言。所以每次上课不一定让学生交流发言,顶多老师提出一些问题让学生回答,看看学生的学习态度,了解一下学生对已经讲过的问题掌握情况就可以了。课程结束前,用 1~2 次课的时间举办学生论坛,让更多的学生演讲展示,既可以让学生谈学习收获和建议,也可以让学生研究一些理论和现实问题进行交流。学生上了近一个学期的课程,基本上掌握了学科理论和了解了相关的现实问题,发言就会有一定的深度,同时,也能给老师改进教学提出中肯的意见。

第二,要紧扣教学目的和课程涉及的理论体系的内在逻辑设计教学专题。

一般来讲,课程体系的设计,不仅仅只考虑教学目的,还要考虑课程体系涉及的理论体系及其内在的逻辑。要从这两个方面的综合考虑来设计教学专题构成问题。以笔者开设的"海洋安全与海洋安全战略"课程为例:

本课程的教学目的是让学生了解海洋对人类的发展与安全的价值与意义,了解海权理论发展历史、海权与大国兴衰的经验教训,了解世界海洋安全形势和中国的海洋安全形势,思考如何维护海洋安全的战略与对策,还要了解海洋强国的海洋战略问题,并增强建设海洋强国的信心,等等。整个课程的教学目标是由这些组成的。所以设计课程的专题,要把这些目的都包含进去。把握了这些教学目的,想讲的专题也就基本上明确了。

"海洋安全与海洋安全战略"课程涉及的理论体系的内在逻辑是什么呢?这也是设计本课程教学专题时必须考虑的。如果设计了十几个教学专题,各专题相互之间没有内在的理论联系,等于开设了十几个互相没有关联的讲座,那就不能构成一个完整的课程体系了。

笔者认为,"海洋安全与海洋安全战略"课程涉及的理论体系的内在逻辑应当是:海与洋的区别、海洋的战略价值—中国的海洋构成与地缘战略特点及价值—海权理论发展及海权与大国兴衰经验教训—世界海洋安全总体形势—中国海洋安全形势—世界主要国家海洋战略与海洋政策—海洋安全战略理论与主要国家海洋安全战略调整—中国建设海洋强国战略—维护中国海洋安全的措施与思考。当然，这个内在逻辑只是其中的一种思考，还可以变化出多种内在逻辑来的。

对这个课程涉及的理论体系的内在逻辑有了清晰认识，再结合教学目的，就可以设计出十几个比较好的教学专题，从而构成一门"海洋安全与海洋安全战略"的课程体系了。由于篇幅关系，就不介绍这门课程的具体专题了，本书附录了笔者申报这门课程的申报书，仔细琢磨一下就明白了。另外，本书还附录了多个笔者开设的军事类通识课程的申报书，只要仔细琢磨，便可以领会到军事类通识课程申报的诸多要领。

第三，要精致地设计每一个教学专题。

课程体系设计好后，就要把主要精力用在备课上了，基本的要求是要精细地设计好每一个教学专题。因为一门课程的总体质量，取决于每一个专题的质量。如果个别专题好、个别专题差，那么整个课程的质量也是不高的。因此，应当把握好以下几个问题：

一是每一课都要按照高水平讲座的标准设计和准备。这是精细设计每一个专题的基本要求。为什么要按照高水平讲座的标准来设计每一个授课专题呢？因为高水平的讲座课，理论要有深度、观点要新颖、例子具有现实性、思考要具有历史的厚重感和现实指导性及预测性、互动要恰到好处、设置的包袱或悬念要吸引人和巧妙，等等。相信各位老师准备一个高水平的讲座，都是竭尽所能，尽量展示自己的理论水平和授课水平的，而不愿意把讲座搞砸。所以笔者认为，老师们如果按照高水平讲座的要求和标准来认真准备自己每一个授课专题的内容，整个通识课程一定是水平非常高的课。

二是注重课程理论框架搭建、万变不离其宗。笔者观察和研究过许多老师的通识课程，发现有的老师每一节课单看都还算是好的，但整体看却不是一个好的课程。这是为什么呢？因为通识课程不像一些专业课程那样比较单一，自成理论体系。而通识课程涉及的学科理论较多、内容相对庞杂，如果整个课程各个专题的设计，只是按照讲座课的框架来设计的话，整个课程的理论框架就难以搭建起来，或者说，每一个专题都是好课，但综合起来就比较乱，没有理论上的内在逻辑性，学生学习了一门课程后，学生的感觉是杂乱,没有清晰的理论认识。

另外,有的老师对于开设通识课程有畏难情绪,除了感觉备课工作量大、理论和知识储备较少等原因之外,最重要的一个原因,就是认为课程内容变化太大了,讲一次就过时了,下一次开设时又得重新备课。之所以会这样,笔者认为重要的症结就是整个课程中每一个专题都搞成了讲座课,课与课之间缺乏内在的理论联系,整个课程的理论框架没有搭建起来。

怎么解决这个问题呢?笔者建议老师们设计通识课程体系时,要有自己的理论体系框架,然后拆分成十几个专题,各个专题之间有内在的理论逻辑性。这样来设计每个专题的内容,理论框架基本上是万变不离其宗的,具体的事例则根据实际情况的变化,随时可以替换。这样做,一门课程讲若干年,基本的理论框架是不用变的,或只要做些微调,不断变化例子,就是与时俱进的课了。比如,笔者讲的"胜解《孙子兵法》"课程,概括了23个孙子关于"胜"的思想及应用,这个思想体系的概括,再过许多年也是如此,课程的整体框架不用变,每次讲课时,适当更新例子就可以了。再比如,说笔者录制的《孙子兵法》战略思维"慕课",这个课程,笔者自信50年不用重新录制的。为什么呢?因为笔者提出了一个《孙子兵法》的战略思维理论框架,举的例子也都是历史上已经有的例子,也告诉听众可以用自己熟悉的例子来替换理解《孙子兵法》的战略思维理论及应用。这样设计的每个专题和整个课程,当然就可以一劳永逸了。"海洋安全与海洋安全战略"这个课程,笔者也是以这样的设计思路来规划每个专题的,相信五年内不用做大的变动,每位参与授课的老师,只要适当更新自己的例子和修正个别的观点就可以了。

三是突出专题的理论性和独特思考、以理取事、以事说理。笔者以前在军校当教研室主任时组织过许多老师的试讲,期间发现了一个问题,许多老师讲课,堆积了许多理论观点,但缺乏自己的独特理解和独到分析,有的老师讲了好多例子,听起来非常生动有趣,但是听完后感觉什么都没有学到。这说明,一堂好的课既要参考和介绍别人的理论和观点,也要提出自己的理论和观点,更要有自己独特的分析;另外,一堂好课,一定是以讲理论为主,讲例子为辅。讲理论可以用例子来说明问题,但不要胡乱地讲一些不贴切的例子,一定要以理取事,用事来恰当地说理。讲例子也不要占用太多的时间,三言两语说清楚例子、讲明白道理就可以了。否则整个课几乎都是在讲故事，学生虽然听得开心，但也可能会认为老师没有水平。

四是整个课程的展开逻辑，一定是一系列有内在逻辑联系的问题。许多老师讲课，一般是平行地列出若干个问题，分别把各个问题讲清楚。虽然这是一个通用的做法，但必须高度重视各个问题之间的内在逻辑联系，要不断提出问题和不断地回答问题，这些问题既是自己讲课的逻辑线路，也是抓住学生注意力的重要抓手。另外，整个课程体系的构建方面，各节课之间也是要有内在的逻辑联系的，一门课程是回答了十几个大的理论和现实问题，一堂课是回答了几个甚至十几个有内在逻辑联系的小问题的。这样来设计课程体系和每个专题，就是比较精致的课了。

例如，笔者讲《孙子兵法》的先胜思想，展开的问题和逻辑大概是：什么是先胜思想？—孙子是如何论述的？—孙子为什么强调先胜思想？—孙子的先胜思想有何价值？—如何做到先胜？—先胜思想在现代社会中如何运用？—先胜思想对同学们的学习与未来的工作有何启发？—我们用先胜思想应当把握什么问题？按照这样的问题和内在逻辑来展开，学生听课就非常认真，也学到了先胜思想的真谛，并且学会了如何运用，还提高了分析问题的能力，改善了思维方式和思维方法。

笔者构思"《孙子兵法》战略思维"这门"慕课"课程的结构和专题组成，也提出了一系列问题：什么是战略思维理论？—《孙子兵法》有战略思维理论吗？—《孙子兵法》的战略思维理论体系如何构成？—《孙子兵法》战略思维理论有何当代价值？—如何运用《孙子兵法》战略思维理论？—如何进一步学习和研究《孙子兵法》战略思维理论？—学习和研究的境界、方法是什么？—如何为往圣继绝学、为万世开太平？这些问题就是笔者讲"孙子兵法战略思维"课程的60多个"微课"展开的内在逻辑。具体到每个专题的问题设置的逻辑，就是上面讲的：是什么？—为什么？—如何用？—用的方面注意把握什么问题？笔者这样精致地构思"《孙子兵法》战略思维"这门"慕课"，相信不会的人能够学会，资深专家们也不能说笔者讲得不全面、研究不够深入。要课程中把各种应该回答的问题都回答清楚了，把各种可能性的问题也都提出了解决的思路和方法，所以，这个课程若干年不用更新，随时看它，都是一门理论完备、与时俱进的课，凡是学过的人，可以仁者见仁、智者见智，各有各的收获。

三、军事类通识课程相关建设

成功申报了一门军事类通识课程后,除了设计好课程体系和认真备课外,还需要加强相关的课程建设才能把自己的通识课程建设成为优秀的通识课程。主要把握以下几个方面的问题。

第一,加强课程团队建设。

军事类通识课程是可以自己独立开设的。目前普通高校普遍缺乏专业的专职军事老师,所以,一些有这方面研究和专长的老师,完全可以根据自己的特长独立开设军事类通识课程。但这要求开课老师对于所开设的课程一定要有研究特长,如果不在行,仅为开课而开课,那么在开课过程中会觉得越来越痛苦。尽管你能够把课讲得让学生喜欢听,但是会对学生的提问感到力不从心或惶恐,因为你一回答学生的提问就会暴露自己研究有限的问题了。因此,建议各位老师如果独立开设通识课程比较困难的话,最好不要独立开设。如果已经开设了通识课程,也要在开课过程中不断听取学生的建议,加强课程的内容和教学方式方面的改善,自己也要对相关的理论进行深入的学习和研究。

例如,笔者开设的"胜解《孙子兵法》""军事谋略思维"两门课程,笔者自己在这方面还是有研究的,在军校当老师期间,也给研究生和指挥员讲过相关的课,虽然不系统,但是研究还是非常深入的。笔者给大学生开设这些课程,要做的工作无非是建立一个比较好的课程体系,结合大学生需求,把一些问题讲得让学生感兴趣和有收获,基本上不存在理论知识储备不够的问题。

但按照有深入研究和理论储备这个要求来看,多数高校军事老师是不具备独立开设军事通识课程的能力的,那要开设相关课程的话,怎样解决这个问题呢?笔者建议各位老师可以建立一个3~5人的课程团队,一同开设通识课程。

建立课程团队的好处有多个方面:一是优势互补,不同的老师的专长不一样,可以发挥各自的长处;二是备课和授课的工作量相对较小;三是生病和出差时还有人替课;四是教学团队的多样性能够让学生对课程更加感兴趣。笔者开设通识课程中有个体会,学生对老师来源的多样性和不同风格的授课艺术还是有强烈的要求的。听一个老师讲一个学期的课，学生容易产生视觉和听觉疲劳。如果是多个老师授课，还老中青搭配或男女搭配，这样的授课团队学生是比较喜欢的。"海洋安全与海洋安全战略"这门课程，笔者请了校外六位老师一同开设，有男有女，学生非常喜欢。所以，要开设军事类通识课程，最好组成一个好的授课团队来共同开设。

笔者也建议各位老师要建立多个学习共同体，互相学习、互相促进。军事课老师可以以兴趣、课程需求、科研需求等为纽带，建立多个学习共同体。在当今世界，其实没有哪个老师可以完全独立地完成多个学科领域中的教学与研究，所以建立起不同的学习共同体是非常重要的，大家可以相互学习、互相促进。笔者就非常愿意与不同高校的老师们分享自己从事军事理论教学与研究的知识和经验，全国高校几百个同行，都与笔者有广泛的联系，笔者为他们提供了许多教学、科研资料，也分享了经验。同时，笔者也向他们学到了许多经验和新的思想和观点。

在课程团队建设方面，课程主持人担负着组织教学的主要责任，建议老师们要注意把握两个方面的问题：一是要把课程团队组织好，选择合适的人干合适的事，要使各位成员充分明确课程体系构建的设想、任务分工、备课与讲课要求，甚至包括各个课之间怎样相互衔接、内容上相互避免重复等具体的事项，要让每个团队成员心中有数。二是课程主持人要担负主要的教学任务。南京大学规定课程主持人要完成三分之二的教学任务，其他学校可能要求不一样。但笔者认为，课程主持人至少要完成一半的通识课程教学任务，才能满足开设通识课程的基本要求。

举办通识课程教学研讨会，听取改进意见和扩大影响，这也是加强课程团队建设的一个重要方法。笔者开设的几门通识课程，已经举办了多个教学研讨会，请军校和普通高校的专家来开会，既扩大了课程的影响力，也交了朋友，并且听取了大家对课程改进的意见，对于开设好通识课程是非常有帮助的。举办通识课程教学研讨会，也是加强学习共同体建设的一个好的办法。

第二，选用好的教材和加强自己的教材建设。

开设一门军事类通识课程，选择好配套的教材，给学生学习基本理论提供一个规范的教材是非常重要的。但是适合高校开设军事类通识课程的教材几乎没有。建议大家选择名家的著作作为学生使用的教材，或者作为参考读物推荐给学生阅读。

例如,开设《孙子兵法》相关课程,可以选用著名的《孙子兵法》研究专家吴如嵩先生的《孙子兵法新论》,这本书对《孙子兵法》的解读非常专业,是一本非常好的参考读物,作为教材也是非常适合的。陈宇所著《孙武兵法破解》这本书,也可以推荐给学生做教材。这本书的好处是对原文的注释和解读参考了许多书籍的不同说法,有疑难句解析,对各篇的主题、中心思想和主要思想精髓,都有很好的概括和介绍。读了这本书,就相当于阅读了很多同类的书。如果要开设军事谋略方面的课程,黄培义所著《军事谋略学基础》,也是一本非常好的教材。

现在市面上关于军事谋略和《孙子兵法》的通俗读物非常多,不建议作为通识课程的教材使用。因为这些通俗读物没有达到教材的水准,选用为教材会误导学生。另外,一些内容太深的研究著作,也不适合作为通识课程教材使用。比如笔者和同事及研究生撰写的《孙子兵法战略思维》和《孙子兵法战略文化研究》两本著作,不推荐作为通识课程教材使用,因为这两本书是写给相关专家与学者看的,并不适合学生作为教材来学习。

虽然一开始我们开设军事类通识课程可以选用别人的著作或教材推荐给学生使用,但是自编或合编教材对于加强通识课程建设的意义是非常重要的。建议各位老师开设了几年通识课程后,应该考虑自编教材或合编教材。

笔者的《孙子兵法》课程很受学生们的喜欢,就把自己讲授《孙子兵法》的讲稿汇编加工成了一本教材,定名为《悦读孙子兵法》。这部教材的名字,是根据南京大学校长倡导的"悦读经典计划"而来,笔者担任《孙子兵法译注》这本书的阅读导师。《悦读孙子兵法》这本教材,分为上、中、下三篇,上篇为导学篇,教学生如何学习《孙子兵法》;中篇为导读篇,对《孙子兵法》十三篇做了导读,教学生如何把《孙子兵法》读懂和读正确;下篇为导思篇,教会学生如何进入学习《孙子兵法》战略思维的境界。书的末尾还提供了开设《孙子兵法》课程的两个附录,告诉老师们如何开设《孙子兵法》通识课程。笔者还在计划把自己开设的"军事谋略思维"课程编写一本《军事谋略与军事谋略思维概论》教材。

笔者2017年下半年开设的"海洋安全与海洋安全战略"课程,则是一个例外。笔者与浙江海洋大学等学校的几位老师先编写了《海洋安全教育概论》教材，然后再申报和开设了课程。目前几乎没有海洋安全教育方面的同类教材，老师们开设海洋安全方面的课程，可以选用这本教材。

总之，为了把自己学校的军事类通识课程建设好，笔者建议各位老师在开设课程过程中，一开始可以选用别人的教材或著作，但最终应该编写自己的教材，这是加强通识课程建设的重要途径。

四、运用各种教学手段提高教学质量

在讲如何上好军事理论课专题中，笔者给各位老师提出了许多建议，这些建议也适合于提高军事类通识课程教学质量。针对提高军事类通识课程教学质量，再谈五点建议供参考。

第一，利用好学生演讲、课堂提问、翻转课堂。

提高军事类通识课程教学质量，需要我们老师多动脑筋。除了提高授课艺术外，首先是要利用好学生的演讲交流。现在的大学生比较喜欢演讲交流，可以每次课前让学生演讲交流，也可以在课程最后专门用1~2次课的时间让学生演讲交流，这比老师一个人讲效果更好。尤其是学生通过听同学的演讲，能够知道别的同学学到了什么、有什么独特的思考等，能够激发学习和研究的兴趣。

课堂提问也是一个提高授课质量的好办法。老师要多给学生提出问题的机会，也要鼓励学生多给老师提出问题。翻转课堂现在运用比较普遍，各位老师可以事先给学生布置一些需要研究的问题，在课堂上拿出一定的时间让学生交流，这样可以让学生变被动为主动，对学生提高学习兴趣和学习质量是非常有好处的。

第二，运用office mix插件（或office365等）制作"微课"辅助教学。

老师在备课之外，可能会经常有新的想法或知识点想让学生了解和学习，或者有的基本理论不必在课堂上多讲，但又必须让学生了解，就可以自己制作"微课"，发到建立的教学QQ群或微信群里让学生自己学习。

老师们可能会说，制作一个微课没有几千元钱费用是不可能完成的，没有技术人员的支持更制作不了。其实自己安装一个office mix插件（office 2013 及以上版本才能用），用 PPT 就可以自己制作"微课"了。一个几分钟的"微课"课件，十几分钟时间就能够制作好，给学生学习使用是完全够用的。office365 软件则优化了录制"微课"的功能，更加简单好用。我们老师自己做"微课"给学生看，或者让学生录制一些"微课"相互交流，对于提高教学效果是非常有帮助的。

第三，结合教学需求给学生开 1~2 次视频欣赏专题课。

现在老师们给学生上课，几乎每门课都离不开在课件中插入相关的视频给学生观看。但这种做法的目的，更多地是为了提高学生的学习兴趣，或者讲授没有办法直观体现的教学内容时，通过观看视频，让学生更好地理解。笔者曾问过学生对老师上课有什么建议，大家一致要求观看更多的视频了解一些问题。所以在"海洋安全与海洋安全战略"课程中，笔者专门开了一次视频欣赏课。笔者搜集了许多相关视频，按照中国面临的海洋安全形势与挑战、中国的"建设海洋强国战略"是什么、中国建设海洋强国面临什么挑战、中国建设海洋强国有哪些优势、如何维护中国的海洋安全这样的内在逻辑，把相关的视频组合到 PPT 中，一边串讲一边让学生看视频，效果非常好。学生非常开心，笔者也非常高兴。

第四，邀请专家在课程中开设教学讲座课。

笔者开设的多门军事类通识课程，笔者主讲，但有时也会邀请军校和高校老师来开几个教学讲座课。这个做法，学生也非常喜欢，教学效果，当然也非常棒。

第五，发挥好学生助手的积极性和作用。

笔者的通识课程，都会在班上选拔一个女生和一个男生担任教学助手。如何发挥好学生助手的作用呢？例如：平时可以让助手负责同学签到，省了老师点名的时间；演讲交流课上，让学生助手自己写主持词和当主持人；让助手收集学生的教学反馈意见，学生不好意思给老师提的意见，会给助手讲的；还可以让助手撰写新闻报道、拍摄照片和短视频积累教学资源，等等。

另外，学生助手也会根据同学们的兴趣，策划一些活动，学生自发参加活动，增强了课程班级同学的学习共同体感受。笔者班上有的学生成了好朋友，有的还成为了恋人。许多学生和教学助手，还成为笔者课程的义务宣传员。许多学生选笔者的通识课，就是上过笔者课程的学生推荐的。2017 年学生军训期间，有的新生就问笔者什么时候开通识课程，他们讲是学长告诉他们的，要选杨老师的课，还要争取当杨老师的教学助手。有学生这样追着选课，笔者的干劲也就越来越足了。

上述四个方面的问题和建议，既是笔者开设多门军事类通识课程的经验体会，也有自己一些独特的思考，希望能够给各位高校军事教师开设军事类通识课程提供一些帮助和启发。

【思考题】

1. 给大学生开设军事类通识课程有何意义？
2. 如何抓好军事类通识课程选题？
3. 如何申报军事类通识课程？
4. 如何精心设计军事类通识课程的课程体系和各个教学专题？
5. 如何加强军事类通识课程建设并提高课程教学质量？

第八讲　如何促进高校国防教育与国家安全教育融合发展？

——关于普通高等学校国防教育与国家安全教育教学与学科建设思考

[导　读] 在普通高校加强国防教育与国家安全教育，既是党中央的重大战略决策部署，也事关国家和民族的兴衰存亡。加强这两方面的教育，需要建立相应的学科、高素质的教学与科研队伍，处理好两方面的教育的关系。本专题对如何促进我国高校国防教育与国家安全教育的融合发展，分析了若干亟待解决的问题，提出了相应的对策思考。

高校国防教育和国家安全教育，历来是党中央高度重视的战略性问题。2017年8月下发的《国务院办公厅中央军委办公厅关于深化学生军事训练改革的意见》（国办发〔2017〕76号）要求，学校要创新学生军训模式、加强军事理论课教学创新改革，为我国高校在新时代进一步开创国防教育新局面提供了行动指南。2018年4月，教育部下发了《教育部关于加强大中小学国家安全教育的实施意见》（教思政〔2018〕1号），强调在我国大中小学中普遍开设国家安全教育课程、在有条件的高校加强国家安全学一级学科建设、建立国家安全教育教师队伍。这个文件的出台，意味着我国普通高校今后将普遍开设国家安全教育课程，加强国家安全学一级学科建设。

但长期以来，我国高校没有普遍开设专门的国家安全教育课程，也缺少专职教师和科研队伍，国家安全教育主要是融入国防教育之中来进行的，思政课教学和形势与政策教学中略有涉及。但随着新的《中华人民共和国国家安全法》的实施，以及上述两个文件的出台，在普通高校大力加强国防教育和国家安全教育，大力加强国防教育和国家安全教育师资队伍建设，大力加强相关学科建设，就势在必行。

虽然这两个文件，对高校国防教育与国家安全教育的师资队伍建设、学科建设、教学内容设置与方法创新等方面，都做了比较明确的规定，为推动我国普通高校国防教育和国家安全教育指明了方向、明确了任务、提出了建设的重点和基本思路。但在今后贯彻落实这两个文件的过程中，高校也面临着开展国防教育与国家安全教育的诸多难题，需要我们广大普通高校军事教师以勇于开拓创新的精神，积极响应党中央号召，以两个文件精神为依据，加速建立国防教育学学科和国家安全学一级学科，推动我国普通高校国防教育和国家安全教育融合发展。

如何促进我国普通高校国防教育与国家安全教育教学及学科建设融合发展，无疑是一个重大的系统工程。本专题中，笔者进行一些思考，也提出一些对策建议，以期能够抛砖引玉，引发广大军事教师的深入思考。

一、高校国防教育与国家安全教育亟待解决的若干问题

国防与国家安全问题，事关一个国家的兴衰与存亡，事关民族的存续与强盛，是古老的《孙子兵法》强调的"国之大事"，不可不察。党的历代领导集体都高度重视我国的国防和国家安全问题，解决的基本途径之一，就是加强全民国防教育和国家安全教育，尤其是在普通高等学校广泛深入地开展大学生国防教育和国家安全教育，更是解决国防和国家安全问题的重要战略举措。

我国普通高校国防教育，从20世纪80年代以来已经蓬勃开展了30余年，全民国家安全教育问题，也从2015年7月1日起实施新的《中华人民共和国国家安全法》、2016年设立我国首个全民国家安全教育日为肇始，把全民国家安全教育摆到了应有的战略地位。在高校开展国家安全教育问题，随着教思政〔2018〕1号文件的出台，也正式提上了议事日程。这就意味着，今后我国高校将普遍开展国家安全教育，继续深化国防教育，这既是高校国防教育和国家安全教育进入新时代的重要标志，但也是诸多矛盾和问题必须探讨和解决的开始。只有直面高校国防教育和国家安

全教育亟待解决的若干重要问题，深入探讨国防教育与国家安全教育融合发展的对策，才能推动高校国防教育和国家安全教育打开新局面、形成新格局。

第一，关于高校军事教师与国家安全教育师资队伍建设问题。

我国高校国防教育主要是以大学生军训和军事理论课教学形式开展，系统的国家安全教育尚未开展。在高校深入地开展大学生国防教育和国家安全教育，首先面临的难题是师资队伍问题。谁来教？谁能教？怎么建设师资队伍？这是必须首先思考和抓紧解决的问题。

我国高校普遍开展大学生国防教育30多年以来，在加强国防教育师资队伍建设方面付出了诸多努力，也取得了一定成效，但军事教师师资队伍并不能满足高校军事理论课教学的需求，主要体现在：一是高校普遍缺乏专职军事教师；二是聘请的军队院校兼职军事教师转岗比较频繁、担负多所高校繁重的军事理论课教学任务；三是多数高校由辅导员或非军事学科教师担负军事理论课教学，既不具备从事军事理论课教学的专业知识，更没有组织学生军训的必备技能。

导致上述问题的原因：一是多数高校没有按照各级教育行政部门和军事机关业务部门的相关文件和指导意见要求配备数量足够的专职军事教师；二是高校军事教师没有职称评定渠道、没有学科归属、没有课题支撑；三是难以形成军事理论课教学与科研合力，军事教研室和人武部都没有能力广泛开展学生军训和军事理论课教学相关研究。

就我国高校今后必须开展的国家安全教育教学而言，师资队伍建设更是一个亟待解决的问题。因为"国家安全学"是一个即将诞生和必须重点建设的新兴学科，教师队伍面临从无到有，从有到强的发展过程。而高校军事教师队伍和国家安全教育教师队伍这两支队伍建设，还面临着是分开建设还是统筹建设的问题，确实需要抓好顶层设计。

第二，关于高校国防教育与国家安全教育学科建设问题。

学科是普通高校开展相关教学与科研的重要平台，是知识传授和知识创新的主战场。在我国普通高校开展国防教育和国家安全教育，离不开相应学科的支撑。因此，抓好高校国防教育和国家安全教育面临的第二个紧迫问题，就是要解决相应的学科建设问题。

是否需要建立国防教育学学科？国办发〔2017〕76号文件特别强调要加强学生军事训练相关学科建设。尽管此文件没有具体明确是加强国防教育学学科建设，还是加强学生军事训练学学科建设，但已经强调了学科建设问题，也认识到了国防教育领域加强学科建设的重要性。而且国防教育学学科研究的对象和内容，是军事学、教育学等学科不能替代的。我国高校30余年的国防教育实践，已经培养了大批从事国防教育的专业人才，有大量的教学实践与科研成果支撑，加速建立国防教育学学科，已经是呼之欲出的事情了。而是否建立国防教育学学科，只需要相关决策部门尽早做出决断而已。

教思政〔2018〕1号文件明确要求："推动国家安全学学科建设。设立国家安全学一级学科。"建设国家安全学一级学科，已经是非常明确的了。高校建立和建设国家安全学一级学科，应当尽早提上议事日程，尽早启动。

但关键是国防教育学与国家安全学这两大学科，有研究对象与研究内容交叉重复的问题，也几乎都处于零起点。如何建设国防教育学学科和国家安全学学科？这两大学科建设的路径问题、学科的架构问题、需要处理的内在关系问题，都需要从理论研究和顶层设计上予以尽快解决。

第三，关于高校军事理论课教学与国家安全教育教学内容区分问题。

依据相关文件精神在高校开展军事理论课与国家安全教育教学，面临的第三个亟待解决的问题，就是如何区分二者的教学内容问题。

现行《普通高等学校军事课教学大纲》是2007年颁布的，已经明显不适用于当前和今后的军事理论课教学了。教育部和军方正在抓紧修订这个大纲，从顶层设计上进一步科学规范军事理论课教学内容体系和教学方法。

教思政〔2018〕1号文件也已经明确提出，要抓紧制定和出台各学段学校国家安全教育教学大纲。针对普通高校的教学大纲，是高校今后开展国家安全教育教学活动的基本依据。在此基础上，教育部还计划牵头细化高校国家安全教育的内容，规范高校编写相关教材的基本要求。

但对于国防教育和国家安全教育这两个关联度非常高的学科的教学，仅仅靠教学大纲是难以区分二者教学内容重叠问题的。各高校应当整合这两个学科的建设，做好顶层设计。在国防教育教学中，既要增加适应时代特点和强军需求的军事技能训练和军事理论课教学内容，也要与国家安全教育中重叠的内容相互避开、互相补充。另外，从更加宏观的层面来看，高校国防教育也不仅仅是学生军事技能训练和军事理论课教学，而应当真正从国防教育学学科建设和国防教育课程体系层面来重新定位和构建国防教育的课程体系和教学内容体系。高校国家安全教育方面的教学，也只有从顶层设计和教学大纲中把高校国防教育和国家安全教育的教学内容体系加以明确区分和相互配合，才能真正搞好这两个学科的教学。

二、高校如何解决国防教育与国家安全教育的紧迫问题

针对上述三个方面需要解决的紧迫问题，笔者认为，可以从以下基本思路来解决上述问题。

第一，关于如何建设两支师资队伍的问题。

如何解决高校国防教育和国家安全教育师资队伍建设难题呢？笔者认为：

一是要统筹做好顶层设计这篇大文章。国防教育师资队伍建设和国家安全教育师资队伍建设，从一定意义上来看，这两支队伍建设都是服从和服务于国家安全需要的，因此是可以着眼于服从和服务于国家安全需求进行统一的顶层设计的。国防教育师资队伍建设方面既有一定的经验和可行的办法，但也有不少教训值得吸取。如果在国家安全教育师资队伍建设方面重走国防教育（军事课）师资队伍建设的老路，无疑会在未来很长时期内，同样将面临上述国防教育（军事课）师资队伍建设的困境，许多同样的难题也会长期得不到有效解决。

二是要做好融合发展这篇大文章。高校国防教育是为国家安全服务的，国家安全教育也是为国家安全服务的。因此，两支队伍建设是可以而且应该融合发展的。从现阶段来看，可以从高校军事课教师、思政课教师、形势与政策课教师队伍中抽调部分教师专门从事国家安全教育方面的教学与研究，先解决没有国家安全教育急需的教师队伍问题。而从长远来看，还必须加速建立国家、教育部和各省（自治区、直辖市）的高校军事教师和国家安全教育教师分级分类培训体系，推动两支队伍的常态化培训，加强普通高校两支教师队伍择优资助和学术带头人、骨干教师、优秀教学团队建设工作，实现两支教师队伍素质的全面提升。

三是要做好学科引领这篇大文章。高校国防教育（军事课）师资队伍

建设30余年来都长期在低层次上徘徊,主要的症结在于没有建立国防教育学学科,或没有建立学生军事训练学学科。未来高校国防教育和国家安全教育这两支师资队伍建设,必须以建立相关的学科为支撑,才能引领两支队伍建设。

总之,推动高校国防教育和国家安全教育蓬勃开展,当前应当着力于做好顶层设计、融合发展和学科引领这三篇大文章。顶层设计是根本保证,融合发展是基本途径,学科引领是重要前提。

第二,关于如何建设两个学科的问题。

首先是如何建设国家安全学学科的问题。笔者认为,需要解决好三个问题:

一是要把握好国家安全学属于哪个学科门类。我国把人类所有的知识划分为五大门类,即自然科学、农业科学、医药科学、工程与技术科学、人文与社会科学。很显然,国家安全学知识体系,应当属于人文与社会科学门类。我国把高等教育划分为13个学科门类:哲学、经济学、法学、教育学、文学、历史学、理学、工学、农学、医学、军事学、管理学、艺术学。从直观的判断而言,似乎国家安全学难以划分到这13个学科门类中的任何一类。而把国家安全学作为一级学科来建设,又确实需要明确它属于哪个学科门类。这个问题,理论界需要在实践中加以不断探讨,在顶层设计中需要明确其学科门类问题。

二是国家安全学作为一个一级学科,必然需要划分出多个二级学科或诸多的主要研究方向,这个问题如果在顶层设计中不予以明确,不从理论上梳理清楚,必然阻碍这个一级学科的建设和发展。

三是对加强国家安全学学科建设的抓手问题应当有清晰的认识。教思政〔2018〕1号文件强调:"依托普通高校和职业院校现有相关学科专业开展国家安全专业人才培养。教育部遴选一批有条件的高校建立国家安全教育研究专门机构,设立相关研究项目,为国家安全教育教学和相关学科建设奠定基础。各地教育行政部门和高校可结合实际培育建设相关研究机构,组织开展相关研究。"

这个要求,明确了国家安全学学科建设的三个基本路径:一是依托普通高等学校现有相关学科。笔者认为,主要应当是高校中的人文与社会科学方面的学科,也包括还未建立起来的国防教育学学科。这些学科都对国家安全的历史、国家安全知识和国家安全教育的特点规律有不同程度的涉及，因而今后这些学科，都应当加强国家安全理论和现实问题方面的研究，为国家安全学学科的建立和建设奠定基础。二是部分有条件的高校建立国家安全教育研究机构，通过专业化的研究队伍建设和理论研究来推进国家安全学学科建设。三是设立国家安全学方面专门的研究项目。通过课题立项与经费等方面的支持与扶持，加速推动国家安全学学科建设。因此，在科学的顶层设计基础上，通过与国家安全学相关学科的分别研究、自发性研究，结合国家安全教育专门研究机构的专门研究，国家安全学学科建设必定会得到快速发展，为我国全民国家安全教育和各学段学校的国家安全教育提供理论指导。

其次是如何处理好国防教育学与国家安全学两个学科建设的关系。

从国办发〔2017〕76号文件和教思政〔2018〕1号文件，以及《全民国防教育大纲》等文件要求来看，从我国普通高校国防教育和国家安全教育的形势与需求来看，在高校广泛开展国防教育和国家安全教育，都将是今后长期的战略性系统工程，加强国防教育学和国家安全学学科建设，也必定是战略性的系统工程，这二者既相互独立又相互联系、相互依存，在实践中需要处理好国防教育学和国家安全学两个学科建设的关系问题。笔者认为：

一是要分开建设。因为两个学科研究的对象与内容是不同的。国防教育学研究的对象是国防教育活动及现象，研究的内容是国防教育的特点与规律。国家安全学研究的对象是国家安全的客观状态、发展趋势、影响国家安全的因素、从事国家安全活动和进行国家安全教育的特点规律，研究的内容则是各种国家安全现象、服务和指导各种国家安全活动的特点与规律。因此，从二者的研究对象与内容来看，两个学科是应当分开建设的。

二是要融合发展。因为国防教育学和国家安全学两个学科研究涉及的内容，有许多交叉重叠的部分，比如国防教育学研究会涉及国家安全观念、国家安全战略、国家和世界安全形势。国家安全学研究也会涉及国防观念、国防战略、国家及世界的国防和军事形势等等。因此，这两个学科的建设，又不能过于界限分明，应当交叉研究、融合发展。

三是重点发展。我国高校国防教育已有几十年实践而没有建立国防教育学学科的教训值得重视，国家安全学学科建设不能再走相同的弯路了。笔者认为，现阶段在我国高校应当重点建设国家安全学学科，把学校现有的相关教学与科研力量整合到一起，成立专门的国家安全教育研究机构和教研部（室），争取五年左右能够在国家安全学学科建设方面取得突破性进展。同时，不能忽视国防教育方面的教学与研究，国防教育学学科建设可以纳入国家安全学学科建设规划之中，在国家安全学学科中开辟国防教育研究方向或建立国防教育学学科，推动国防教育学学科加速建立并加强相关建设。

上述三种建设思路实现的前提，则是我国高校要成立专门的领导机构、研究与教学机构，学校要把各方面的力量整合到国家安全学和国防教育学学科建设中来。

第三，关于如何开展军事理论课与国家安全教育教学的问题。

上文所述两个文件，都明确强调高校要开展军事理论课教学和国家安全教育教学。笔者领会到，相关文件精神是要推动高校开设国家安全教育公共必修课程，与军事理论课是大学生必修课程一样。至少也应当开设国家安全教育方面的通识课程。但国家安全教育通识课程教学难以满足大学生国家安全教育需求，所以开设大学生国家安全教育公共必修课程，应当是文件精神的真意。如何处理好军事理论公共必修课和国家安全教育公共必修课程的关系，如何尽快开设好这两门课程，笔者提出三点对策建议：

一是给予 1~2 年的军事理论课与国家安全教育教学内容体系调整与构建过渡期。在没有要求高校开设国家安全教育教学之前，不存在国家安全教育和国防教育的矛盾和冲突，而必须开设国家安全教育课程后，高校军事理论课和国家安全教育课程就必然存在教学时数和教学内容方面的冲突。尤其是国家安全教育与军事理论课的教学内容方面，都是涉及诸多学科的综合性教学，教师没有一定的理论学习时间和研究成果积累，是没有办法开设国家安全教育课程的。而且教学方面的教案和课件准备，也至少需要半年到一年的准备时间。尤其是开设国家安全教育课程后，军事理论课程内容也必然要做相应的调整。因此，在高校普遍开展军事理论课和国家安全教育方面的教学，应当有 1~2 年的过渡调整时间，然后才严格按照相关的教学大纲进行授课和课程建设与评估。

二是在现有相关学科教学内容中增加国家安全教育方面的教学专题。在高校开设国家安全教育课程既势在必行，也已经刻不容缓，但目前还没有高校及其他学段学校的国家安全教育教学大纲的情况下，在高校中的诸多相关学科中增加国家安全教育方面的授课专题，必然是一种过渡时期的可行办法。例如：在马列原理和思政课中可以增加马克思主义国家观、习近平总体国家安全观、中国的国家安全思想与国家安全战略等方面的教学专题；在形势与政策课程中可以增加中国的海洋安全、中国的网络安全、中国的太空安全等教学专题；在大学生军事理论课中可以增加中国国防安全、世界军事安全形势、中国核安全形势等教学专题。通过在相关学科教学内容中增加国家安全教育方面的专题，无疑既能解决高校国家安全教育的燃眉之急，也能够为今后按大纲进行教学奠定良好的基础。

三是开设国家安全教育方面的通识课程。无论高校今后是否开设国家安全教育公共必修课程，开设国家安全教育方面的通识课程都是非常必要的，甚至可以先行一步。今后则完全可以既开设国家安全教育公共必修课程，也开设国家安全教育方面的通识课程，逐步构建起公共必修课和通识课程相结合的"二位一体"的国家安全教育课程体系。

三、几点对策建议

加速建立国家安全学一级学科，推动高校国防教育与国家安全教育融合发展，提升大学生国防观念、国家安全观念，增强大学生维护国防和国家安全战略意识和战略思维能力，需要高校从战略高度重视国防教育和国家安全教育，重视这两个学科的建设和教师队伍建设，重视相关课程体系建设和加强理论研究。

第一，在有条件的高校率先设立国家安全学学科，建立相关研究机构开展理论研究。

根据教思政〔2018〕1号文件的要求："推动国家安全学学科建设。设立国家安全学一级学科。依托普通高校和职业院校现有相关学科专业开展国家安全专业人才培养。教育部遴选一批有条件的高校建立国家安全教育研究专门机构，设立相关研究项目，为国家安全教育教学和相关学科建设奠定基础。各地教育行政部门和高校可结合实际培育建设相关研究机构，组织开展相关研究。"依据这一要求，各高校迟早都会按照有关文件精神和中央战略部署设立国家安全学一级学科和开展相关理论研究，因此，有条件的高校，应当率先设立国家安全学一级学科，建立相关研究机构，加强国家安全学学科理论和相关理论研究。

一是设立国家安全学一级学科，把尚未建立的国防教育学学科纳入其中融合发展。此方案为上策，既符合相关文件要求，也更有利于国家安全学学科和国防教育学学科的发展。

国家安全学一级学科的设立是教育部有关文件的要求，也是中央加强全民国家安全教育的战略部署，因而有条件的高校应当抓紧设立国家安全学一级学科。同时，考虑到国防教育已经有长期的实践但仍未建立相关学科的实际情况，可以在国家安全学一级学科下再设立国防教育学二级学科，通过建设国家安全学学科，同时带动国防教育学学科建设。

国家安全学一级学科中的相关的二级学科构成，除了设立国防教育学学科外，还有三种思路：（1）从国家安全教育对象类型和层次考虑的二级学科，应当有普通高校国家安全教育学、中小学国家安全教育学、军队国家安全教育学、企业国家安全教育学、党政机关国家安全教育学、城市社区国家安全教育学、农村国家安全教育学……（2）从国家安全教育技术、手段、研究领域考虑的二级学科，应当有国家安全教育方法学、国家安全教育领导学、国家安全教育心理学、国家安全教育历史学、国家安全教育技术学、国家安全教育评价学、国家安全教育战略学、国家安全教育发展战略学、国家安全教育思维学……（3）从国家安全理论体系构成上设立二级学科，可以有人民（国民）安全学、国土安全学、政治安全学、军事安全学、经济安全学、文化安全学、社会安全学、科技安全学、信息安全学、生态安全学、资源安全学、核安全学（即习近平总书记总体国家安全观中涉及的12个重大国家安全领域），还应当有国家安全战略学、国家安全发展战略学。

国家安全学一级学科中设立的国防教育二级学科，其三级学科构成或研究领域，可以参照上述国家安全学学科构成来考虑。

二是在马克思主义理论一级学科下设立国家安全学和国防教育学二级学科。此为中策方案，而且相对简单易行。但将来发展方向是按照国家相关要求，应当把国家安全学和国防教育学都提升为一级学科来建设。

在马克思主义理论一级学科下设立国家安全学和国防教育学两个二级学科，与马克思主义理论体系构成是相吻合的。因为马克思主义理论，当然内含了马克思主义国家安全理论、国家安全教育理论，也内含了国防理论、国防教育理论。如果把国防教育学学科和国家安全学学科纳入马克思主义理论一级学科中开展学科建设，无疑是有益于这两个学科的建设和发展的。同时，这两个学科的建设和发展，也能够进一步推动高校马克思主义理论一级学科体系的完善。

三是依托高校现有学科，加强国家安全学与国防教育学学科理论研究。此为下策。在没有建立学科的情况下，能够依托高校相关的现有学科，开展国家安全学和国防教育学两个学科领域的理论研究，在一定程度上虽然也能够推动这两个学科的发展，但其建设和发展将会长期在低层次上徘徊。

高校马克思主义理论一级学科、历史学、社会学、国际关系学等众多学科，都在不同层面上涉及国家安全与国防教育问题，专家学者们都可以适当拓展研究领域，加强国家安全理论和国防教育理论研究。但我国开展高校国防教育30多年的实践证明，这种先自发研究积累学术成果，建设学术队伍，然后建立学科的路子基本上是行不通的，也与我国国防教育和国家安全教育的需求不相适应。因此，高校建设国家安全学学科和国防教育学学科，应当借鉴马克思主义理论一级学科的发展路径，在教育部和中央要求建立国家安全学一级学科的精神指导下，直接建设国家安全学一级学科，把国防教育学学科纳入其中来同步建设，这才是上策。

如果采取上策，可以在高校设立"国家安全与国防教育研究院（所）"，整合学校各学科研究力量，大力研究国家安全与国防教育相关理论；如果采取中策，可以在马克思主义学院设立"国家安全研究所"与"国防教育研究院所"，亦能推动高校国家安全与国防教育理论研究。而采取下策，则谈不上这两个学科理论的快速发展和融合发展。

第二，在有条件的高校率先设立国家安全教育教学机构，抓紧开设国家安全教育公共必修课程、通识课程，并开展学科理论研究。

教思政〔2018〕1号文件要求："构建中国特色国家安全教育体系，把国家安全教育覆盖国民教育各学段，融入教育教学活动各层面，贯穿人才培养全过程，实现国家安全教育进学校、进教材、进头脑，提升学生国家安全意识，提高维护国家安全能力，强化责任担当，筑牢国家安全防线，培养德智体美全面发展的社会主义建设者和接班人，培养担当民族复兴大任的时代新人。""各地教育行政部门和学校要积极发挥课堂教学主渠道作用，改进教育教学方式方法，组织国家安全教育公开课……"这些文件的精神，显然是要求高校要开展国家安全教育公共必修课教学，辅之以必要的通识课程和网络公开课或"慕课"教学。

一是设立"国家安全与国防教育学院",统筹学校国家安全教育和国防教育教学。此为上策。因为适应国家建立国家安全学一级学科要求,推动国防教育形成新格局,有条件的高校率先设立"国家安全与国防教育学院"就是最好的选择。既可以统筹国家安全教育和国防教育,也可以为下一步进行国家安全和国防教育研究生教学奠定基础,也为建设两支队伍和加强学科理论研究奠定了基础。将来,我国对国家安全和国防教育人才的需求必然日益增大,高校也必然会逐步发展到本科教育与研究生教育并重。因此,从一开始就设立"国家安全与国防教育学院"二级教学机构显然是最佳选择。

在学院里可以分别设立"国家安全教育教研室"和"国防教育教研室",设立"国家安全研究所"和"国防教育研究所",既有明确的教学机构,也有明确的科研机构,还要有两支相对稳定的教学与科研队伍。

二是在马克思主义学院下设立"国家安全与国防教育教研室"和"国家安全与国防教育研究所",担负国家安全与国防教育教学与科研任务。此为中策。如果高校只是落实上级相关要求开设国防教育和国家安全教育公共必修课程,适当开设相关的通识课程,并不想在这两个学科建设方面大有作为,那么在马克思主义学院中设立"国家安全与国防教育教研室"和"国家安全与国防教育研究所",即可担负起国家安全与国防教育教学与科研任务,而且教研室和研究所可以是两块牌子一套班子。

但国防教育教学方面,大学生36学时的军事理论课公共必修课教学力量应当加强,应该按照各级教育行政部门要求配齐配强军事教师。国家安全教育教学,也应当参照军事理论必修课,进行36学时的国家安全教育课程教学。可以单独配齐、配强国家安全教育教师,也可以把两支队伍整合为一支队伍,共同完成这两个学科的教学与科研任务。

三是把现有的军事教研室更名为"国家安全与国防教育教研室",设立"国家安全与国防教育研究所",担负军事理论课与国家安全教育课教学与科研任务。此为下策。但目前看来是最简单和可行的方案。因为高校的军事教研室长期担负学校的军事理论课教学任务,人武部长期负责大学生军训工作和学校国防教育活动,在军事理论课教学、国防教育研究和国防教育活动开展方面,已经有经验和学术积累。如果再担负学校国家安全教育和科研任务,也可以更好地统筹两个学科的教学与科研工作。

但是目前高校人武部和军事教研室普遍没有按照各级教育行政部门和各级军事机关业务部门及相关文件政策的要求，配齐和配强教师队伍和人武部工作人员。如果高校决定由人武部和军事教研室担负国家安全教育课程教学和学科理论研究任务，各高校则应当按照各级教育行政部门和军事机关业务部门的指导意见，按照师生比要求配齐和配强专职教师，即可担负起学校这两个学科的教学与科研工作。通过五年左右的学科理论研究和教学实践，高校国家安全学学科和国防教育学学科建设，相关的课程体系建设，也必定会有一个质的飞跃。

第三，在有条件的高校率先设立国家安全教育与国防教育校级课题，抓紧国家安全教育和国防教育教材建设，加强两个学科的基础理论研究，并着力解决相关教师职称评定办法。

虽然我国高校开展国防教育已经有30多年了，但是学科理论研究方面因为缺乏各方面的支持，所以国防教育学学科理论研究非常薄弱。而国家安全学是一个新兴的一级学科，更加需要加强基础理论和应用理论研究和教材建设，而目前军地双方各种立项课题又少有相关的课题立项。因此，有条件的高校应当率先设立校级立项课题，资助军事教师和国家安全教育教师开展相关研究，多出和快出学术著作，组织力量编写优质教材，为学科发展和教学奠定坚实的基础。

另外，高校军事教师从事军事理论课教学，是一个非常特殊的职业，虽然各级文件要求建立高校军事教师职称评定办法，但是还没有形成的办法，军事教师在高校评定职称也往往被边缘化。而国家安全教育教师队伍从无到有，职称评定方面也面临着高校军事教师同样的窘境。因此，各级教育行政部门和学校应当考虑这两个学科发展的实际和需求，考虑学科建设的现状，抓紧制定这两个学科教师职称评定的办法，让这两个学科教师在职称评定、待遇等各方面确实享有与其他学科教师同等的地位。这也是上述两个文件精神的内在要求，是国家出台的职称评定改革意见的内在要求。

总之，切实推动我国高校国家安全学与国防教育学学科建设，推动高校国防教育与国家安全教育教学融合发展，把党中央、中央军委和教育部的战略部署落实到实处，不但需要加强顶层设计，出台配套政策和制度，也需要我们高校军事教师以只争朝夕的精神和干劲，尽快行动起来，只有在轰轰烈烈的国家安全与国防教育实践中，才能真正推动我国高校国家安全教育和国防教育的融合发展。

[思考题]

1. 应当怎样建立和建设国家安全学一级学科？
2. 如何建立和建设国防教育学学科？
3. 如何促进高校国防教育与国家安全教育融合发展？
4. 普通高校军事教师如何开展国家安全教学？

附录 1
"军事谋略思维"通识课申报书

通识课中文名称：军事谋略思维

通识课英文名称：Military stratagemical thinking

课程类别：中国历史与民族文化

主讲教师：杨新

职称：副教授

研究专长：军事思想、军事战略、《孙子兵法》、军事谋略学、战略文化、战略思维、军事思维学

所在院系：南京大学军事教研室（人武部）

一、教师简介

杨新，毕业于国防大学，获得军事战略学博士学位，获得南京政治学院军队政治工作学博士后证书。担任山东孙子研究会理事。1997 年至 2012 年于南京陆军指挥学院担任军事理论教研室讲师、副教授（2003 年 12 月～）、教研室主任、军事学硕士研究生导师，主讲中国古代军事思想、中国现代军事思想、中国军事战略、《孙子兵法》、信息化战争理论、战略思维与战略文化研究、军事谋略学等课程；在东南大学工作期间，成功申报和开设"军事谋略及应用"通识课程。2014 年成功申报并开设南京大学"胜解《孙子兵法》"通识课程；发表军事学术文章百余篇（核心期刊发表 20 余篇），合著、独立著述著作 10 部，参与 20 余部教材撰写，多次参加《孙子兵法》国际研讨会。获得中国人民解放军军队院校育才奖银奖，荣立三等功一次。获得军队学术奖励 30 余项，为部队、高校、企业讲授《孙子兵法》、军事谋略及国家安全理论等讲座近千场。与金智教育信息技术公

司联合推出了本人主讲的"《孙子兵法》战略思维""慕课"。

领衔教师：杨新

团队成员：不定期邀请国防大学政治学院、陆军指挥学院、海军指挥学院等相关军地高校专家加盟本课程教学讲座。

二、课程简介

军事谋略是客观事物反映于人的头脑，经过思维加工形成的运用于军事领域内指导人们行动的指南。军事谋略学，则是一门研究军事领域敌我双方斗智规律的新兴军事学科。中国是最早产生军事谋略实践和军事谋略理论的国度，也是军事谋略思维最为发达的国度，军事谋略广泛运用于军事、政治、外交、经济、管理等各个领域，对社会发展和进步产生了巨大作用。在当今世界，凡是有活力对抗的领域，就有谋略的运用，因而军事谋略理论及军事谋略思维具有广泛的应用价值。

本课程为 36 学时 2 个学分，结合大量战例和案例，系统介绍军事谋略思想体系及军事谋略思维方式与方法在各个领域中的运用，培养大学生的谋略思维、战略思维、创新思维、辩证思维能力。

三、课程目标

本课程以教师精讲中国古代军事谋略、毛泽东军事谋略理论精髓在军事及竞争领域中的运用为主，旨在让学生了解军事谋略理论体系、军事谋略思维方法、军事谋略运用原则，并结合大量战争、政治、外交、经济和其他竞争领域的案例分析，让学生从中学习到竞争智慧，建立起科学的谋略思维方式，把握谋略制胜的奥妙与真谛，达到培养学生热爱中国传统军事文化、学会谋略思维与战略思维、提升创新思维能力的目的。

四、课程大纲与教学方式

（一）课程大纲

第 1 讲：军事谋略概论

本讲着重介绍军事谋略和军事谋略学概念、分类及其历史发展；介绍军事谋略应用价值及学习的意义和方法。

第2讲：中国古代军事谋略

军事谋略理论博大精深，军事谋略实践奇谋迭出。本讲选取十个中国古代典型军事谋略思想，结合战例和案例分析其精髓和应用。

第3讲：毛泽东战略谋略

从军事谋略筹划和应用的层次上划分，可以把军事谋略划分为战略谋略、战役谋略及战术谋略。战略与战役谋略是最具有价值的军事谋略。本讲重点介绍毛泽东的重要战略谋略思想及其应用价值和启迪。

第4讲：毛泽东战役谋略

毛泽东战役谋略是其高超的军事指挥艺术的生动体现。本讲重点介绍毛泽东战役谋略思想及其应用，领悟军事谋略出奇制胜的奥妙。

第5讲：《孙子兵法》谋略商战运用

军事谋略无疑是可以运用于商战领域的。本讲抽出《孙子兵法》若干谋略思想精髓，结合商战案例分析其应用。

第6讲：毛泽东军事谋略的企业管理运用

毛泽东军事谋略既是我军克敌制胜的法宝，也可以运用于现代商战竞争和企业管理之中。本讲运用毛泽东军事谋略思想，分析企业管理中如何建设企业文化、如何建设团队、如何加强管理、如何增强执行力。

第7讲：军事谋略思维概论

什么是军事谋略思维？军事谋略思维有什么重要性？军事谋略思维的要素是什么？军事谋略思维的特点是什么？本讲着重介绍军事谋略思维的基本问题。

第8讲：军事谋略思维原理

军事谋略思维遵循和运用什么样的原理？本讲重点揭示军事谋略思维的基本原理。

第9讲：军事谋略思维方式

运筹和运用军事谋略必须有科学的思维方式。本讲从军事谋略思维方式角度，结合战例和案例，较系统地介绍军事谋略的典型思维方式及其应用。

第10讲：军事谋略思维方法

运筹和运用军事谋略必须运用科学的思维方法。本讲结合大量的战例和案例，介绍多种典型的军事谋略思维方法及其应用。

第 11 讲：军事谋略思维的心理艺术

军事谋略思维活动本质上是一种心理活动，也必须巧妙把握和利用对手的心理。本讲重点介绍军事谋略思维活动的心理艺术问题。

第 12 讲：军事谋略运用原则

军事谋略运筹并无一定之规，但军事谋略运用必须遵循科学的原则。本讲结合战例与案例，介绍军事谋略运用的基本原则。

第 13 讲："炮击金门"战略思维艺术

军事谋略并非阴谋诡计，而是高超的战略思维艺术。"炮击金门"是毛泽东战略思维的杰作，具有高超的战略思维艺术和大智慧。本讲剖析"炮击金门"案例，分析毛泽东战略思维艺术，提升学生的战略思维境界。

第 14 讲：谋略家修养与修炼

本讲着重从谋略家的知识与智力结构、谋略家思维品质与修炼、谋略家心理素养与修炼等方面，介绍成为谋略家的必由之路，为学生进一步学习谋略和运用谋略思维方法提供方法指导。

第 15 讲：外请专家军事谋略讲座

拟请军校专家在本课程中为学生举办一次军事谋略讲座。可以选择以下内容：孟良崮战役、一江山战役、中印自卫反击战、诺曼底登陆、甲午战争、粟裕军事指挥艺术……

第 16 讲："谋略论坛"——学生课堂交流发言

（二）教学方式

1. 教师讲授为主，适当结合课堂互动交流；
2. 邀请军校专家举办两个战例讲座，丰富教学内容与形式；
3. 组织学生撰写论文、制作课件，进行课堂实战交流。

五、教材及参考资源

1. 黄培义：《军事谋略学基础》，军事科学出版社，2004 年 12 月第 1 版。

2. 李炳彦、孙兢：《军事谋略学》（上、下），解放军出版社，1989 年 5 月第 1 版。

3. 孙福同、杨新等：《从战争中学习智慧》，白山出版社，2010 年 4

月第 1 版。

4. 柴宇球：《谋略论》，军事科学出版社，2003 年 1 月第 1 版。

5. 杨新等：《孙子兵法战略思维》，白山出版社，2010 年版。

6. 网站资料：中国军事谋略网、中国孙子兵法研究会、山东孙子兵法研究会、苏州孙武书院、天津孙子兵法研究会、深圳孙子兵法研究会等网站资源。

六、考核方法

撰写 3000 字左右的课程论文作为评分依据；发言、交流较好者酌情加分。

七、所在院系意见（请教学院长主任签字并加盖院系公章）

杨新老师长期从事军校和普通高校军事理论教学，对军事谋略学和军事思维科学有深入的研究，发表了 20 余篇相关学术文章，出版了 8 部军事理论著作，被南京陆军指挥学院选用为军事学研究生教材。杨新老师长期为军事学研究生及 MBA 讲授《孙子兵法》课程，与金智教育信息技术公司合作主讲并制作了"《孙子兵法》战略思维""慕课"，在我校成功申报并开设了"胜解《孙子兵法》"通识课程，受到广泛好评。在东南大学工作期间申报的"军事谋略及应用"课程，被东南大学列为通识课建设课程并获得经费资助。建议同意杨新老师在我校开设"军事谋略思维"通识课。

附录 2
"《孙子兵法》导学"通识课教学大纲

一、课程简介

《孙子兵法》是现存最古老的战争与战略理论著作，是中国古代优秀军事文化的代表性兵书，被奉为"战争之圭臬""竞争之宝典"。《孙子兵法》诞生 2500 余年来经久不衰，在当代，世界各国和各界人士广泛学习和研究，并将其运用到了军事、政治、外交、经济、管理等各个领域，"孙子学"俨然已经成为一门世界性的学问。

本课程结合大量战例和案例，以文本解读为基础，介绍《孙子兵法》中典型的"胜"的军事思想及其在各个领域中的运用，培养大学生战略思维、创新思维、辩证思维、谋略思维能力。

本课程为 36 学时 2 个学分。

二、课程目标

本课程以教师精讲《孙子兵法》思想精髓和在军事及竞争领域中的运用为主，旨在让学生了解《孙子兵法》之战略理论与军事思想体系，并结合大量战争、政治、外交、经济和其他竞争领域的案例分析，让学生从《孙子兵法》中学习到竞争智慧，建立起科学的战略思维方式，把握"胜在战略决策正确、赢在战略思维科学"的奥妙与真谛，达到培养学生热爱中国传统军事文化、学会谋略思维与战略思维、提升创新能力的目的。

三、教材及参考资源

1. 杨新等：《孙子兵法战略文化研究》，白山出版社，2012年版。
2. 杨新等：《孙子兵法战略思维》，白山出版社，2010年版。
3. 网站资料：中国孙子兵法研究会、山东孙子兵法研究会、苏州孙武书院、天津孙子兵法研究会、深圳孙子兵法研究会等网站资源。
4. 杨新主讲的《孙子兵法战略思维》课程，可在网易云课堂中自学。

四、教学方式

1. 讲授为主，适当结合课堂互动交流；
2. 组织学生撰写论文、制作课件，进行课堂实战交流。

五、教学内容设计

第1讲：武圣之谜　兵经之谜

本讲内容：1000多年来，关于《孙子兵法》的作者究竟是孙武还是孙膑，二者是否为同一个人，存在着长期的争论。孙武为什么被尊为"武圣"？《孙子兵法》诞生2500多年来，为什么一直被兵家奉为"兵学圣典"？《孙子兵法》这本书有何谜团？本讲将揭开这些谜团。

第2讲：《孙子兵法》主要特色

本讲内容：《孙子兵法》结构、语言及内容体系有什么特色？本讲重点介绍这些问题，这是学习和研究《孙子兵法》的基础和前提。

第3讲：《孙子兵法》军事思想体系、现代价值及适用与禁忌

本讲内容：介绍《孙子兵法》的军事思想体系、有什么现代应用价值。提出运用《孙子兵法》的适用范围和运用方面把握的禁忌问题。

第4讲：向《孙子兵法》学习什么？如何学？

本讲内容：重点讲解我们应当向《孙子兵法》学习什么的问题，这是学习孙子兵法的方向和目的所在。提出若干实用的学习方法和策略。

第5讲：《计篇》《作战篇》导读

本讲内容：学习《孙子兵法》，必须正确读懂十三篇原文。本讲重点

解读《孙子兵法》的《计篇》和《作战篇》，引导学生学会学习《孙子兵法》原文。

第6讲：《孙子兵法》算胜和备胜思想

本讲内容：孙子在兵法的开篇中就提出了庙算决策的问题。为什么重视战略决策？如何进行战略决策？战略决策在竞争制胜中有何重要作用？本讲将重点介绍孙子"算胜"思想及其应用问题。孙子重视决策制胜，更重视战争准备为战争提供胜利的前提和保证。为何要加强战争准备？如何进行战争准备？本讲重点揭示孙子"备胜"思想及其应用问题。

第7讲：《孙子兵法》谋胜和交胜思想

本讲内容：没有不运用谋略的战争。古代兵家强调谋定而后动。战争制胜最高明的办法是什么？如何进行战争谋划？如何破解敌人的谋略？如何认识谋略优劣问题？孙子为什么重视伐交？伐交到底是伐什么？"交"仅仅指外交吗？"伐交"思想在当代军事斗争和国际竞争中有何价值？本讲重点揭示孙子"谋胜"和"交胜"思想及其应用问题。

第8讲：《孙子兵法》形胜和势胜思想

本讲内容：谋略制胜固然重要，但没有实力，谋略也无能为力。孙子为什么强调创造和建设先为不可胜的实力？孙子对先胜实力有何要求？如何建设先胜实力？为什么战争历史上总是有强者败弱者胜的例子？为什么军事实力优势并不等于战场优势？如何理解"势"？"势"与"形"是什么关系？如何借势、造势和任势？本讲重点揭示孙子"形胜"和"势胜"思想及其应用问题。

第9讲：《孙子兵法》奇胜和易胜思想

本讲内容：用兵方法无出奇正。什么是奇？什么是正？正与奇是什么关系？孙子为什么强调正合奇胜？孙子为什么说百战百胜非善之善者也？为什么胜于易胜则没有危险？如何做到胜于易胜？本讲重点揭示孙子"奇胜"和"易胜"思想在战争和竞争中的应用价值。

第10讲：《孙子兵法》谋略商战运用

本讲内容：《孙子兵法》在商战中能够运用吗？如何应用？本讲重点解读孙子十个方面重要思想的商战运用。

第11讲：用《孙子兵法》提高战略思维能力

本讲内容：《孙子兵法》是战略著作，充满了战略思维理论，揭示了战略思维规律与方法。本讲结合学生需求，重点讲为什么要提高战略思维能力,如何运用《孙子兵法》提高战略思维能力。

第 12 讲:学生研讨交流发言

拟组织一次课堂交流,选出优秀课程论文作者交流发言,举办好大学生"《孙子兵法》论坛"。

六、考核方法

撰写 3000 字左右的课程论文作为评分依据;发言、交流较好者酌情加分。

附录3
"胜解《孙子兵法》"通识课教学大纲

课程类别：中国历史与民族文化
主讲教师：杨新
职称：副教授
研究专长：军事思想、军事战略、《孙子兵法》、战略文化、战略思维
所在院系：军事教研室（人武部）

一、课程简介

《孙子兵法》是现存最古老的战争与战略理论著作，是中国古代优秀军事文化的代表性兵书，被奉为"战争之圭臬""竞争之宝典"。《孙子兵法》诞生2500余年来经久不衰，在当代，世界各国和各界人士广泛学习和研究，并将其运用到了军事、政治、外交、经济、管理等各个领域，"孙子学"俨然已经成为一门世界性的学问。

《孙子兵法》军事思想体系可以从不同的角度进行概括。但无论如何理解和概括《孙子兵法》军事思想体系，都可以概括为"胜"的思想体系。因为《孙子兵法》本质上是一部论述战争、军事斗争和各种竞争中如何制胜的兵书。本课程结合大量战例和案例，以文本解读为基础，系统介绍《孙子兵法》各种"胜"的军事思想及其在各个领域中的运用，培养大学生战略思维、创新思维、辩证思维、谋略思维能力。

本课程为32学时2个学分。

二、课程目标

本课程以教师精讲《孙子兵法》"胜"的思想精髓和在军事及竞争领

域中的运用为主，旨在让学生从"胜"的视角了解《孙子兵法》之战略理论与军事思想体系，并结合大量战争、政治、外交、经济和其他竞争领域的案例分析，让学生从《孙子兵法》中学习到"胜"的竞争智慧，建立起科学的战略思维方式，把握"胜在战略决策正确、赢在战略思维科学"的奥妙与真谛，达到培养学生热爱中国传统军事文化、学会谋略思维与战略思维、提升创新能力的目的。

在多轮教学实践基础上，拟将本课程制作成慕课，在高校中普遍推广。

三、教材及参考资源

1. 杨新等：《孙子兵法战略文化研究》，白山出版社，2012 年版。
2. 杨新等：《孙子兵法战略思维》，白山出版社，2010 年版。
3. 网站资料：中国孙子兵法研究会、山东孙子兵法研究会、苏州孙武书院、天津孙子兵法研究会、深圳孙子兵法研究会等网站资源。

四、教学方式

1. 讲授为主，适当结合课堂互动交流；
2. 组织学生撰写论文、制作课件，进行课堂实战交流；
3. 组织部分学生到苏州孙武书院参观见学。

五、教学内容设计

（一）"胜解《孙子兵法》"部分理论讲授内容（下列问题根据学生掌握情况随机选择部分内容）

第 1 讲：武圣：武圣之谜 兵圣风采

本讲内容：1000 多年来，关于《孙子兵法》的作者究竟是孙武还是孙膑，二者是否为同一个人，存在着长期的争论。孙武为什么被尊为"武圣"，有何风采？本讲将揭开这些谜团。

第 2 讲：兵经：兵学圣典 兵家圭臬

本讲内容：《孙子兵法》诞生 2500 多年来，为什么一直被兵家奉为

"兵学圣典"，其流传、军事理论成就如何？兵书有何特点？《孙子兵法》有何当代价值？本讲将揭示这些谜团。

第3讲：算胜：五事七计 庙算决胜

本讲内容：孙子在兵法的开篇中就提出了庙算决策的问题，为什么重视战略决策？如何进行战略决策？战略决策在竞争制胜中有何重要作用？本讲将重点介绍孙子"算胜"思想及其应用问题。

第4讲：备胜：日费千金 因粮于敌

本讲内容：孙子重视决策制胜，更重视战争准备为战争提供胜利的前提和保证。为何要加强战争准备？如何进行战争准备？本讲重点揭示孙子"备胜"思想及其应用问题。

第5讲：谋胜：兵者诡道 上兵伐谋

本讲内容：没有不运用谋略的战争。古代兵家强调谋定而后动。战争制胜最高明的办法是什么？如何进行战争谋划？如何破解敌人的谋略？如何认识谋略优劣问题？本讲重点揭示孙子"谋胜"思想及其应用问题。

第6讲：交胜：其次伐交 衢地合交

本讲内容：孙子"伐交"到底是伐什么？为什么重视"伐交"？"交"仅仅指外交吗？"伐交"思想在当代军事斗争和国际竞争中有何价值？本讲重点介绍孙子"交胜"思想及其应用问题。

第7讲：形胜：形兵之极 以镒称铢

本讲内容：谋略制胜固然重要，但没有实力，谋略也无能为力。孙子为什么强调创造和建设先为不可胜的实力？孙子对先胜实力有何要求？如何建设先胜实力？本讲重点揭示孙子"形胜"思想及其应用问题。

第8讲：势胜：必求于势 择人任势

本讲内容：为什么战争历史上总是有强者败弱者胜的例子？为什么军事实力优势并不等于战场优势？如何理解"势"？"势"与"形"是什么关系？如何借势、造势和任势？本讲重点揭示孙子"势胜"思想及其应用问题。

第9讲：奇胜：正合奇胜 攻其无备

本讲内容：用兵方法无出奇正。什么是奇？什么是正？正与奇是什么关系？孙子为什么强调正合奇胜？本讲重点揭示孙子"奇胜"思想中的奇正辩证关系、"奇胜"思想在战争和竞争中的应用价值。

第10讲：易胜：胜于易胜 胜已败者

本讲内容：孙子为什么说百战百胜非善之善者也？为什么胜于易胜则没有危险？如何做到胜于易胜？本讲重点介绍孙子"易胜"思想及其现实意义。

第 11 讲：称胜：以数生称 以称生胜

本讲内容：战争和各种竞争，都是综合实力的较量。如何综合分析实力？如何从综合实力分析中预测胜负？孙子提出的"度、量、数、称、胜"系统战略思维方式有何价值？本讲重点揭示孙子"称胜"思想及其应用价值问题。

第 12 讲：道胜：六地六败 战道必胜

本讲内容：战争是否有规律可以遵循？如何科学认识战争规律问题？如何根据战争规律制定战争和作战决策？本讲重点揭示孙子"道胜"思想及其科学运用问题。

第 13 讲：治胜：令文齐武 法令素行

本讲内容：科学的军队管理，是建设强大军队的重要方法，管理也是战斗力。如何治军？孙子治军思想有何现实意义？本讲重点介绍孙子"治胜"思想及其应用问题。

第 14 讲：致胜：不致于人 攻其必救

本讲内容：主动权是军队的行动自由权。没有主动权，军队就等于失败。孙子为什么强调致人而不致于人？如何调动敌人从而把握和控制主动权？本讲重点揭示孙子"致胜"思想及其应用问题。

第 15 讲：见胜：见胜出众 所措必胜

本讲内容：没有预见就没有领导；没有预见就没有胜利。什么样的预见才是高明的预见？如何预见战争胜败的情势？如何提升战略预见能力？本讲重点揭示孙子"见胜"思想及在竞争中的应用问题。

第 16 讲：知胜：知胜有五 知彼知己

本讲内容：熟悉敌情和了解自己，是战争胜败的重要前提和保障，知彼知己才能百战不殆。孙子为什么强调"先知""尽知"？如何做到知彼知己？本讲重点介绍孙子"知胜"思想的价值和现实应用问题。

第 17 讲：先胜：先胜后战 修道保法

本讲内容：什么是先胜后战？什么是先战后败？如何做到先胜后战？先胜思想在现实的军事斗争和维护国家安全中有何价值？本讲重点揭示孙子"先胜"思想及其应用问题。

第 18 讲：速胜：兵贵拙速 不尚巧久

本讲内容：为什么孙子强调速战速决？为什么毛泽东强调抗日战争是战略性的持久战？速决与持久是什么辩证关系？维护我国海洋安全应当速决还是持久？本讲重点揭示孙子"速胜"思想的真谛，探讨"速胜"思想在国家安全和商战竞争中的应用问题。

第 19 讲：间胜：五间俱起 必取于人

本讲内容：情报是战争的第一定律。没有准确及时的信息、情报，就没有科学的战争决策。如何使用间谍获取情报？如何认识间谍的重要性？如何把握间谍使用的奥妙？本讲重点介绍孙子"间胜"思想及其当代应用问题。

第 20 讲：智胜：为将贵智 五德五危

本讲内容：战争是勇敢者的游戏，更是智慧者的游戏。为什么孙子强调为将贵智？为什么孙子强调上智为间？智将应当具备什么样的能力与品德？本讲重点揭示孙子"智胜"思想及其现实价值。

第 21 讲：心胜：为客之道 人情之理

本讲内容：心理战自古至今都是重要的作战方式。孙子为什么强调心理战？孙子揭示了怎样的心理战规律与方法？本讲重点介绍孙子"心胜"思想及其在各种竞争领域中的应用问题。

第 22 讲：思胜：微乎微乎 神乎神乎

本讲内容：战争是实力制胜还是思维制胜？科学的军事思维方式和思维方法在战争决策中有何重要作用？如何提高战略思维能力？本讲重点揭示孙子"思胜"思想，科学把握"胜在战略决策正确、赢在战略思维科学"的奥妙。

第 23 讲：全胜：不战屈人 全争天下

本讲内容：不同的战争胜利结果有境界差异吗？不同的战略谋划、战略思维有境界差异吗？孙子提出的"五全"与"五破"思想有何价值？为什么孙子强调全胜是最理想的战争目标和战略思维境界？能够实现"不战而屈人之兵"吗？本讲重点揭示孙子"全胜"思想的科学价值及其当代应用问题。

第 24 讲：固胜：战胜修功 力避费留

本讲内容：为什么战争史上许多战争是胜而不利？为什么孙子强调战胜修功和力避费留？如何做到胜敌而益强？本讲重点介绍孙子"固胜"思

想的价值与应用问题。

第 25 讲：无胜：无名无功 安国全军

本讲内容：全胜就是战争的最高境界吗？无胜是消极无为吗？孙子为什么强调将帅要无智名无勇功？如何才能安国全军？本讲重点揭示孙子"无胜"思想的科学价值和现实应用问题。

第 26 讲：智慧：承继绝学 开创太平

本讲内容：为什么要学习《孙子兵法》？我们要向《孙子兵法》学习什么智慧？如何学习和应用《孙子兵法》？本讲重点探讨学习、研究和应用《孙子兵法》的基本问题。

（二）"《孙子兵法》战略思维""慕课"中选择部分内容课堂讲授

具体内容参考网易云课堂中杨新老师"《孙子兵法》战略思维""慕课"，选择部分难点讲授。

（三）交流实战部分

拟组织一次课堂交流，选出优秀课程论文作者交流发言，举办好大学生"仙林论坛"。

六、考核方法

撰写 3000 字左右的课程论文作为评分依据；发言、交流较好者酌情加分。

附录 4
"海洋安全与海洋安全战略"通识课申报书

一、教师简介

领衔教师：杨新

团队成员：

蓝天（海军指挥学院教授、教育部军事教学指导委员会委员）

王建中（河海大学军事教研室主任、副教授）

李有祥（东南大学军事教研室副教授、东大十佳学生最喜爱老师）

徐东波（南京农业大学军事教研室主任、南海计划在读博士研究生）

叶欣（河海大学军事教研室副教授）

杜超（南京信息职业技术学院士官学院副教授、军事学博士、博士后）

二、课程简介

21 世纪是海洋世纪，海洋事关国家安全和长远发展。党的十八大做出了"建设海洋强国"战略部署，习近平总书记和党中央提出了"一带一路"倡议构想，这是中华民族永续发展和走向世界强国的必由之路，对于中华民族的伟大复兴具有重要现实意义、重大战略意义。

但进入 21 世纪以来，随着国际政治、外交和军事形势的风云变化，中国海洋安全面临错综复杂严峻的形势，许多矛盾日益凸显，围绕资源争夺、岛礁主权、海域划界和通道安全的争端态势进一步加剧，在建设海洋强国和实施"一带一路"倡议进程中，维护我国的海洋安全，已成为不可回避的重大战略问题。中国官方 2011 年发布的《中国的和平发展》白皮书明确提出，中国将打破"国强必霸"模式，坚持和平发展道路。中国一贯主张维护海洋和平，倡导共同维护海洋持久和平与安全。要实现海洋强国建设战略目标，稳步推进"一带一路"建设，有效维护我国的海洋安全就成为重要的前提和支撑。开设"海洋安全导论"通识课程，让大学生了解海洋对于人类和中国的生存与发展意义，了解世界和中国海洋安全的现状与发展趋势，了解世界主要国家和中国的海洋战略和海洋安全战略，对于培养当代大学生海洋意识和海洋安全观念、提升尚武精神、提升热爱国防献身"中国梦"的热情，以及培养大学生战略思维、创新思维、辩证思维、谋略思维能力，具有重要的意义。

三、课程目标

本课程以教师精讲海洋、海权、海洋权益基本知识为起点，结合大量战争、政治、外交、经济和海洋竞争领域的案例分析，让大学生了解海权与大国兴衰的历史经验与教训，了解世界主要国家及我国的海洋安全形势，了解世界主要国家和我国的海洋战略和海洋安全战略，思考维护中国海洋安全的战略举措，达到培养当代大学生海洋意识和海洋安全观念、学会战略思维与提升战略思维能力的目的。

四、课程大纲与教学方式

本课程为 2 学分课程，36 个总学时，限定人数 200 人以内。可视情况开设平行班授课。

（一）课程大纲

第 1 讲：海洋、海洋权益与海权知识概述

主要介绍世界及中国的海洋构成、海与洋的区别；《联合国海洋法公约》规定的海洋国家及所有国家的海洋权益；海权概念及海权的构成与作用。

第 2 讲：海洋与人类的发展和安全

主要从海洋经济、海洋科技、海洋环境、海洋文化、海洋国防、海

通道等不同层面，介绍海洋对人类发展和安全的影响与作用。

第3讲：海权与大国崛起

主要介绍古代和近现代世界主要强国、大国崛起中的海权作用与影响，分析大国、强国崛起中海权方面的经验与教训。

第4讲：我国历史上的海疆与海权

主要介绍我国历史上的海疆变化情况，分析中华民族海权意识的觉醒与丧失，把握海权意识缺失背后的深刻原因。

第5讲：西方海权理论简介

主要介绍西方国家海权实践与海权理论，尤其是美国、日本、苏联（俄罗斯）等国家的海权理论发展情况，总结出一些对海权的共性认识。

第6讲：中国海权思想发展简述

主要介绍中国古代海权方面的思想、明清及近代以来海权理论方面的缺失，新中国海权思想的觉醒与发展。

第7讲：当代世界海洋争端与海洋安全形势

从总体上介绍当代世界海洋权益争端领域及现状，介绍当代世界海洋安全形势与发展趋势，从总体上把握世界海洋发展与安全面临的挑战。

第8讲：中国的海洋安全形势与挑战

主要从总体上介绍中国严峻而复杂的海洋安全形势，提出中国未来面临的海洋安全挑战方面的问题，分析中国海洋安全形势复杂严峻的原因。

第9讲：我国黄海、东海与南海问题

详细分析我国"三海"问题产生的缘由，介绍争端现状，分析对我国建设海洋强国的战略影响，分析对我国海洋安全的重大影响。

第10讲：世界主要国家海洋战略与海洋政策

主要介绍20世纪末及进入21世纪以来，世界主要国家（如美国、英国、法国、日本、俄罗斯、印度、澳大利亚）的海洋战略或海洋政策的调整、演变，分析其对我国建设海洋强国的战略影响。

第11讲：世界主要国家海洋安全战略与海洋安全政策

主要介绍20世纪末及进入21世纪以来，世界主要国家（如美国、英国、法国、日本、俄罗斯、印度、澳大利亚）的海洋安全战略或海洋安全政策的调整、演变，分析其对我国海洋安全的战略影响。

第12讲：中国周边国家海洋战略与海洋安全战略

主要介绍我国周边国家主要是东盟国家的海洋战略（海洋政策）与海

洋安全战略（海洋安全政策）调整，分析其对我国解决"三海"问题的影响。

第13讲：中国的海洋地缘战略环境与影响海洋安全的因素

主要介绍我国的海洋地缘战略环境及影响，从理论与现实威胁层面分析影响我国海洋安全的主要因素。

第14讲：构建中国海洋战略和海洋安全战略的思考

由于我国至今还未制定明确的海洋战略和海洋安全战略，本讲主要介绍制定海洋安全战略和海洋安全战略的作用，制定海洋战略和海洋安全战略考虑的因素和前提，提出构建海洋战略和海洋安全战略方面的理论思考。

第15讲：维护中国海洋安全的战略思考

主要从政治、经济、军事、外交及战争手段等方面，思考维护我国海洋安全的主要对策，并提出维护我国海洋安全的基本策略。

第16讲：中国特色海洋安全战略文化构建

战略文化是一个国家和民族制定战略和实施战略指导的深层次文化基因，决定了国家和民族的战略行为模式和战略选择偏向模式。维护中国海洋安全，需要构建中国特色的海洋战略文化。本讲从理论上提出中国特色海洋安全战略文化的内容体系、构建路径。

第17讲：中国传统军事文化与维护海洋安全

中国传统优秀军事文化具有丰富的战略智慧，对于维护我国的海洋安全具有现实指导意义。本讲主要从中国传统优秀军事文化层面挖掘若干方面，分析其对维护我国海洋安全的指导意义。

第18讲：中国海洋文化价值、反思与重构

中国有悠久丰富的海洋文化，但中国海洋文化也有重大缺失。中国传统海洋文化对于建设海洋强国和维护海洋安全具有重要的意义，但也需要重构面向建设海洋强国的海洋文化。本讲主要介绍中国传统海洋文化的历史发展及现代价值，并在中西比较中为未来中国的海洋文化定性、定位，提出重构中国海洋文化的基本措施。

第19讲："一带一路"倡议与中国海洋安全

中国倡导和推动的"一带一路"建设，涉及世界主要国家和地区。既有利于建立世界命运共同体，也有利于实现中国的建设海洋强国战略。但由于各国的文化、宗教、国家利益与海洋权益差距较大，"一带一路"倡议也对我国海洋安全带来了新的挑战。本讲对"一带一路"倡议涉及的海洋发展与海洋安全问题进行梳理，提出维护我国海洋安全的战略思考。

第 20 讲：中国近现代史上重要的海战及经验教训

中国近代史上几场海战几乎没有胜迹。新中国几场海战有力维护了我国的海洋安全。维护我国海洋安全，打赢未来海上方向的信息化战争是重要前提。本讲重点介绍近现代我国海战的经验教训，思考打赢未来海上方向信息化战争的基本对策。

第 21 讲：世界主要国家海上力量及发展趋势

本讲主要介绍美国、俄罗斯、日本、印度、澳大利亚及南海周边国家海上力量构成、现状和发展趋势，提出中国海上力量建设和发展的借鉴经验。

第 22 讲：海上野外生存常识与技能

海上野外生存是大学生军训和拓展训练的重要内容，是大学生非常喜爱的拓展训练项目。本讲重点介绍海上野外生存常识与技能，为开展大学生拓展训练提供基本的思路。

备注：

1. 以上 22 个教学专题，是讲授的主要内容，根据学生兴趣和不同的班级，选择 16~17 个专题重点讲授，组织 1~2 次全体学生参与的课堂演讲交流；

2. 对于班级教学中未讲授的内容，自己录制"微课"提供给学生自学；

3. 拟于申报通识课程立项后，先期组织一次该通识课程小型研讨会和教师团队教学试讲活动。

(二) 教学方式

1. 大班讲授为主，适当结合课堂互动交流；
2. 组织学生撰写论文、制作课件，进行课堂实战交流；
3. 组织学生参观见学（如参观静海寺）。

五、教材及参考资源

(一) 使用教材

卢海英、杨新、黄永良主编：《海洋安全教育概论》，九州出版社，

2017年版。

（二）推荐参考资源

1. 国家海洋局海洋发展战略研究课题组：《中国海洋发展报告》（2016），海洋出版社，2016年版（包括2013、2014、2015及以后各版本的《中国海洋发展报告》）。

2. 《中国海洋国土知识地图集》，湖南地图出版社，2010年版。

3. 张锦涛、王华丹主编：《世界大国海洋战略概览》，南京大学出版社，2015年版。

4. 朱坚真主编：《中国海洋安全体系研究》，海洋出版社，2015年版。

5. 杨金森著：《海洋强国兴衰史略》，海洋出版社，2014年第2版。

6. 曲金良主编：《中国海洋文化发展报告》，社会科学文献出版社，2013～2015年。

7. 胡思远主编：《中国大海洋战略论》，时代出版传媒股份有限公司、北京时代华文书局，2014年版。

8. 网站资料：世界海洋日暨全国海洋宣传日网站、国家海洋局网站资源。

六、考核方法（请简述课程作业、阶段性考核形式、学生总评结果构成要素等）

1. 课程作业以阅读教材为主，通过网络或电视了解最新海洋安全资讯。

2. 无平时和中期考试。期末考试方式为学生撰写3000字以上的与海洋安全相关的课程论文作为评分依据。

3. 平时课堂发言情况、学习态度占20%。演讲或交流发言较好者酌情加分。期末论文占考试成绩总分80%。

七、建设经费预算（在通识课建设期1年内，学校将一次性资助建设经费2万元，请简要说明经费主要用途；如预算突破2万元，也请说明理由）

1. 购买图书资料约 0.3 万元；请外单位人员帮助收集电子资料约 0.2 万元。

2. 请校外专家授课约 0.6 万元。

3. 请专家研讨课程建设和课程试讲费用约 0.9 万元。

八、所在院系意见（请在文末附教学院长主任签字并加盖院系公章）

杨新老师长期从事军校和普通高等学校军事理论教学，对军事战略、国家安全理论、海洋安全和国防教育有深入的研究，发表了百余篇相关学术文章，出版了 10 部军事理论著作，参编 20 余部军事学教材。在我校成功申报并开设了"胜解《孙子兵法》""军事谋略思维"等通识课程，受到广泛好评。建议同意杨新老师在我校开设"海洋安全与海洋安全战略"通识课。

参考文献

一、著作

1. 余高达：《中国军事百科全书（第二版）国防教育（学科分册）》，北京：中国大百科全书出版社，2007年版。

2. 杨建军：《科学研究方法概论》，北京：国防工业出版社，2006年版。

3. 王承庆：《学习提升境界》，北京：北京大学出版社，2012年版。

4. 奚纪荣：《中国国防教育》，北京：军事科学出版社，2002年版。

5. 徐则平、赵永伦、王华：《中国国防教育史》，贵阳：贵州人民出版社，2005年版。

6. 李先德：《国防教育学概论》，长沙：国防科技大学出版社，2007年版。

7. 国防大学军训办公室：《国防教育学》，北京：国防大学出版社，2000年版。

8. 傅佩荣：《论语300讲（上、下）》，北京：中华书局，2011年版。

9. 吴温暖、杨新：《中国军事思想教程》，厦门：厦门大学出版社，2008年版。

10. 杨新、孙福同、杨斐等：《孙子兵法战略思维》，沈阳：白山出版社，2010年版。

11. 吕思勉：《每天学点中国史》，北京：中央编译出版社，2009年版。

12. 祝和军：《读国学用国学》，北京：新世界出版社，2009年版。

13. 安悱：《阅读的危险：大师们的读书经验》，长春：吉林出版集团有限责任公司，2007年版。

14. 冯友兰：《中国哲学简史》，北京：新世界出版社，2004年版。

15. 马金生：《军事学术论文写作方法与技巧》，北京：海潮出版社，2004 年版。

16. 袁方：《社会研究方法教程》，北京：北京大学出版社，1997 年版。

17. 阎学通、孙学峰：《国际关系研究实用方法》，北京：人民出版社，2001 年版。

18. 丁士峰：《科学研究方法论》，北京：国防大学出版社，2005 年版。

19. 李丽芳：《教育科学研究方法》，石家庄：河北人民出版社，2005 年版。

20. 姚有志：《孙子兵法与战略文化（第六届孙子兵法国际研讨会论文集）》，北京：军事科学出版社，2005 年版。

21. 杨晓萍：《教育科学研究方法》，重庆：西南师范大学出版社，2006 年版。

22. 郑文翰：《军事科学概论》，北京：军事科学出版社，2005 年版。

23. 延静：《调查技能与分析》，北京：清华大学出版社，2006 年版。

24. 杨玲：《教育研究方法基础》，南京：河海大学出版社，2007 年版。

25. 杨新：《军事战略思维研究》，沈阳：白山出版社，2009 年版。

26. 毛泽东：《毛泽东新闻工作文选》，北京：新华出版社，1983 年版。

27. 列宁：《哲学笔记》，北京：人民出版社，1974 年版。

28. 毛泽东：《反对党八股》，《毛泽东选集（第 3 卷）》，北京：人民出版社，1991 年版。

二、学术文章

1. 杨新：《"胜"解〈孙子兵法〉军事思想体系》，《滨州学院学报》，2013 年第 5 期。

2. 张鸣、江前明：《论我军战略文化的传承与发展》，《中国军事科学》，2013 年第 2 期。

3. 谢适汀：《建设海洋强国的战略思考》，《中国军事科学》，2013 年第 2 期。

4. 郑卫平：《坚持和发展中国特色社会主义——对十八大报告主线的认识和体会》，《中国军事科学》，2013 年第 2 期。

5. 东南大学至善网理论专题"中国梦"系列文章，http：//zhishan.seu.edu.cn/。

后 记

本书虽然主要是谈个人经验体会和建议，但也参考了大量的文献资料。撰写本书参考的主要文献，列入了参考文献之中。笔者还参考了许多学者的观点，难以一一说明。在此要向各位专家致以衷心的感谢。

同时，也要向陈波教授和出版社致以衷心的感谢。本书的撰写，还得到了笔者工作过的单位领导和同事：东南大学武装部姜亚辉部长、南京大学校长助理孙冶东、南京大学武装部滕维元副部长、同事王书群等人的大力支持与鼓励，在此也向他们表示衷心的感谢。

由于笔者水平有限，敬请各位同行提出宝贵意见。

杨新
2018 年 8 月 1 日于南京大学